Horst Schawohl

Zur Kritik am Anti-Aggressivitäts-Training

Eine replizierende Betrachtung

2014
Mönchengladbach
Forum Verlag Godesberg

Bibliographische Information der Deutschen Nationalbibliothek

Die Deutsche Nationalbibliothek verzeichnet diese Publikation in der Deutschen Nationalbibliographie: detailierte bibliografische Daten sind im Internet über http://dnb.d-nb.de abrufbar.

Für meinen Vater.

„Eine falsche Lehre läßt sich nicht widerlegen,
denn sie ruht ja auf der Überzeugung,
daß das Falsche wahr sei.
Aber das Gegenteil kann, darf und muß
man wiederholt aussprechen.“

Johann Wolfgang von Goethe

Inhalt

„Es ist ein alter Gedanke: je schärfer und unerbittlicher wir eine These formulieren, desto unwiderstehlicher ruft sie nach der Antithese."[1]

Vorab

Ehe die Praxis in den Vordergrund tritt, um theoretisch fundamentiert zu werden, ist zunächst die Theorie zu bemühen, um praxisbezogen argumentieren zu können. Der Titel dieser Publikation benennt das Anliegen: Es geht um eine Entgegnung, eine Erwiderung bezüglich diverser Publikationen, die sich vordergründig der Thematik *Anti-Aggressivitäts-Training® (AAT®)* angenommen haben, exakter: Es geht um eine replizierende Betrachtung der Kritik beziehungsweise explizit ausgewählter Kritikpunkte am Anti-Aggressivitäts-Training.

Dabei, das sei an dieser Stelle gleich angemerkt, mag diese Betrachtung einer möglichen Objektivitätsüberprüfung vermutlich nicht standhalten, so sehr der Verfasser um der Sache willen bestrebt gewesen ist, mit einer pragmatischen Betrachtungsweise vorzugehen. Gleichwohl wird eine „methodologische Gegenkritik"[2] nicht vermeidbar sein, da in nicht unerheblichem Umfang auf die eigenen Praxiserfahrungen sowie mehrere Theoriebeiträge Bezug genommen und dadurch ein Fundament für die theoretischen Kontextualisierungen geschaffen sowie begründet wird – der Verfasser ist somit im „doppelten Sinne involviert"[3]. Und dennoch: Ein Verzicht auf diese Replik

---

[1] Hesse 1998, S. 8

[2] Kilb 2013, Schreiben an den Verfasser

[3] Kilb 2013, Schreiben an den Verfasser

erschiene als weniger diskussionsfördernd und zugleich ist eine über die hier zugrunde gelegten Bezüge hinaus gehende Betrachtung momentan nicht möglich – allerdings wäre Schweigen noch weniger annehmbar[4] –; daher kann es lediglich unter diesem dilemmatischen Umstand gelingen, Position zu beziehen – gleichsam dem fallibistischen Vorbehalt, denn „der fallibistische Vorbehalt [...], dass es in jedem pädagogischen Handeln so kommen kann, macht die pädagogische Handlungsperspektive [...] zu einer offenen Perspektive"[5]; dieser dem Dilemma geschuldete Vorbehalt soll erklärend Berücksichtigung finden. Im Spektrum dieser Perspektive ist diese Betrachtung verortet – es wird *eine* Möglichkeit unter *anderen* Möglichkeiten fokussiert, indem andere Sichtweisen, Betrachtungen, Einschätzungen, Erkenntnisse, Vermutungen, Anmerkungen, Polemiken sowie Anregungen vom Verfasser betrachtet und mit einer jeweiligen Replik bedacht werden.

Bisherige Unterschiede, gar Gegensätzlichkeiten, werden durch diese Replik nicht vollkommen aufgehoben werden (können) – allerdings hat der Verfasser ein Interesse daran, allzu gröbliche Missverständlichkeiten beseitigt sowie gezielt formulierte und publizierte Entgleisungen korrigiert beziehungsweise zumindest in Ansätzen nivelliert zu wissen, denn nicht jede Respektlosigkeit verdient, ignoriert zu werden.

[4] Lenz, 1992, S. 16

[5] Hörster 2004, S. 38

Prolog

Ein Blick zurück in das Jahr 1986:

Die Leitungskonferenz der Jugendanstalt Hameln beauftragt im Herbst „eine interdisziplinäre Arbeitsgruppe unter Beteiligung von gewaltaffinen Insassen mit der Erarbeitung eines Anti-Aggressivitäts-Trainings für inhaftierte Gewalttäter. [...]. [Dadurch wurde] die Konzeption des Anti-Aggressivitäts-Trainings für Gewalttäter als Pilotprojekt des Vereins für Jugendhilfe in der Jugendanstalt Hameln in die Praxis umgesetzt"[6].

Ein Blick in das Jahr 1998:

Gegenüber der *Hamburger Rundschau* äußert sich der Kriminologe Fritz Sack skeptisch über das Anti-Aggressivitäts-Training (AAT): „Die Erwartungen an die Programme sind sehr hoch. Ich habe ein bißchen das Gefühl, es ist eine Modeerscheinung wie viele andere Projekte auch"[7].

Ein Blick in das Jahr 2008:

In Mannheim findet an der Hochschule, Fakultät für Sozialwesen, der Kongress *20 Jahre AAT* statt. Die Einladung richtet sich an „sämtliche Akteure, ganz gleich ob Ausbildungsanbieter, Ausbildungsanwender, Initiatoren/innen jeder Art an Instituten und Hochschulen, Kritiker/innen wie Verfechter/innen"[8].

---

[6] Weidner 1997, S. 126 – 128

[7] Schriever 1998, S. 4

[8] Weidner/Kilb 2007

Im Jahr 2014 lautet eine aktuelle Information:

„Heute werden über 3000 aggressive Menschen in Deutschland, der Schweiz, Österreich und in Kürze auch Luxemburg behandelt. Durch das Frankfurter Institut für Sozialarbeit und Sozialpädagogik (ISS), die Hochschule für Angewandte Wissenschaften in Hamburg und Mannheim und das Deutsche und Schweizer Institut für Konfrontative Pädagogik (IKD) wurden seit 1994 über 1000 Sozialpädagogen, Psychologen, Juristen und Lehrer als AAT-Trainer zertifiziert"[9].

Es ist also festzustellen, dass es sich beim AAT offensichtlich um Substanzielleres als eine bloße Modeerscheinung handelt.

Nunmehr ist der induktive Kontext der Betrachtung, die *Konfrontative Pädagogik*, im Laufe von beinahe drei Jahrzehnten vermehrt auf ganz unterschiedliche Weise besprochen, gewürdigt, kritisiert, überhöht, herabgesetzt, hinterfragt und überprüft worden – zumindest ist eine Debatte in Gang gebracht worden. Deduktiv rückt der Bereich des Anti-Aggressivitäts-Trainings (AAT) dabei bevorzugt in den Vordergrund der Kritik, was nicht selten zu durchaus entgleisenden Ignoranzen geführt beziehungsweise Irritationen hervorgerufen hat. Gewisse Ignoranzen lassen sich ignorieren – das bedeutet jedoch manches Mal zugleich, dass die Irritationen fortdauern. Obwohl zum möglichen Abbau der Irritationen bereits Beiträge geleistet worden sind[10], diese jedoch scheinbar nicht allseits die erforderliche Beachtung gefunden haben, obschon sie doch zumindest zur Kenntnis genommen

---

[9] Homepage des IKD, Stand: 12.05.2014

[10] Kilb 2006; Weidner 2004

worden sind – „In der Fachliteratur äußern sich vor allem Heilemann, Kilb, Schawohl und Weidner"[11]; „Die Veröffentlichungen der Vertreter der Konfrontativen Pädagogik stellen – bei allem Respekt Einzelner für das Bemühen, ihre Praxis und allgemeine Überlegungen vorzustellen – insgesamt einen Offenbarungseid dar. Sie wissen nicht, wovon sie reden" [12] –, konnten neuerliche Ignoranzen das Tageslicht erblicken – soviel Ignoranz ist nicht gut.

[11] Plewig 2007, S. 364
[12] Plewig 2013, S. 87

Das AAT ermöglicht neue Handlungsoptionen

Das AAT hat sich in den zurückliegenden Jahren als regelhaftes Angebot im Kanon der Möglichkeiten der Straffälligenhilfe für Jugendliche und junge Heranwachsende bewährt und erweitert den Katalog an Handlungsoptionen und eröffnet dadurch Möglichkeitsräume – das scheint durchaus sinnvoll zu sein.

„Häufig genannte Maßnahmen zur Gewaltprävention sind Aufklärung und Verdeutlichung von Tatfolgen und das Aufzeigen alternativer Handlungsmöglichkeiten [...]. An Kompetenzen orientierte Trainingskurse (Anti-Aggressivitäts-Trainings für Täter [...]) werden [...] häufig vorgeschlagen"[13].

Wird die Entscheidung für ein AAT manifestiert – durch das Zusammenwirken der daran beteiligten Personen -, engt das in der Regel selbstverständlich den anschließenden Katalog entsprechend ein; die Fülle an bisherigen Möglichkeiten ist reduziert, allerdings nicht abschließend ausgeschöpft worden. „Was ist aber die Wirklichkeit anderes als die Reduktion von Möglichkeiten? Sie zwingt dazu, den Reichtum der Möglichkeiten durch das Nadelöhr der Entscheidung zu ziehen [...]"[14], so der Philosoph Safranski an anderer Stelle. Und der Verfasser glaubt sagen zu können, dass sich durch das AAT Möglichkeiten zum Besseren generieren sowie Perspektiven schaffen lassen[15].

[13] Taefi/Görgen/Kraus 2013, S. 58/59

[14] Safranski 2009, S. 215

[15] vgl. Schawohl 2012.

Anders formuliert: Die Entscheidung zur Teilnahme an einem AAT erfolgt in der Regel als Konsequenz aufgrund zuvor – manches Mal wiederholt – ausgeübter Straftaten. Diesem Tun sollte ein Ende gesetzt und damit einhergehend die Möglichkeit für einen begünstigenden Biografieverlauf versucht werden.

Einige der nachfolgend erwähnten Publizierungen geben jedoch Anlass zu der Vermutung, dass die Manifestierung der Maßnahme AAT nicht unbedingt als eine willkommene Bereicherung dieser Angebotspalette gesehen wird. Es stehen sich unterschiedliche Sichtweisen sowie Einschätzungen gegenüber. Lautet die Einschätzung des Bundesverfassungsrichters Prof. Dr. Landau: „Ich halte das Anti-Aggressivitätstraining für eine wichtige Maßnahme im Umgang mit Gewalttätern und habe mich immer dafür eingesetzt, dass es als Sanktion in der Rechtsprechung Berücksichtigung findet"[16], steht dem eine verzerrende Darstellung mit der Schlussfolgerung gegenüber, „das Konzept ist theoretisch nicht fundiert, methodisch nicht gerechtfertigt und rechtlich unzulässig"[17] – eine Sichtweise, die wohl lediglich mit einer latent ideologischen Trübung beibehalten werden kann.

In diesem Kontext wirkt die nachfolgende Einlassung entsprechend insipide, da formuliert wird: „Dem Einwand ideologisch fragwürdiger Interessen und wissenschaftlicher Unzulänglichkeit haben sich all die Konzepte zu stellen, die im justitiellen oder jugendhilferechtlichen Bereich zum Ziel haben, 'Gewalt zu bekämpfen'. Exemplarisch soll im Folgenden eine systematische Überprüfung des so genannten Anti-Aggressions-Trainings mit dem

16 Weidner 2011, S. 13

17 Plewig 2010, S. 163; Plewig 2010, S. 437

‚heißen Stuhl' (AAThS) erfolgen. Die Fachwelt hat diesen Ansatz viele Jahre aus nachvollziehbaren Gründen kaum der öffentlichen Diskussion für würdig befunden. Der wachsende Grad aktueller gesellschaftlicher Verteilungskämpfe und damit verbundener Auseinandersetzungen um Sicherheitspolitiken (Familie, Jugend, Soziales, Inneres) lassen es nunmehr für politisch und fachlich erboten erscheinen, eine <u>rationale und realitätsbezogene Analyse</u> [Unterstreichung durch den Verfasser; Anm.] vorzunehmen"[18].

An dieser Stelle sei ein respektvoll-ironisches Lächeln gestattet.

Dem Verständigen mag es genügen; den weniger Eingeweihten sei der Hinweis gegeben, dass insbesondere der vermeintlich rational und realitätsbezogen Analysierende exakt diese Vorgaben wiederholt und über einen mehrere Jahre anhaltenden Zeitraum gekonnt hat vermissen lassen. Nachfolgend mehr dazu.

Gleichwohl gibt es auch die von mehr Sachlichkeit geprägten und mit abgewogenem Bedacht veröffentlichten Betrachtungen, die zur Entwicklung des AATs beigetragen haben – „kaum ein Konzept hat die fachwissenschaftlichen Gemüter in den letzten zehn Jahren so erhitzt wie das der 'Konfrontativen Pädagogik'"[19]; aus nachvollziehbaren Gründen wurden von der Fachwelt zu dieser Thematik zahlreiche Beiträge veröffentlicht, die zu Fortschreibungen und Modifizierungen der ersten Curricula geführt haben, und „nur mit Hilfe der hierbei engagiert und teilweise sogar vehement ausgetragenen Debatten

---

[18] Plewig 2007, S. 363

[19] Schäfer 2011, S. 95

und Diskurse konnte sukzessive eine neue Kultur (sozial-)pädagogischer Handlungspraxis entstehen, in der konfrontierende Verfahren und Haltungen schließlich immer mehr zu integrierten Bestandteilen wurden"[20].

Dieser Kultur fühlt sich der Verfasser verpflichtet und möchte mit dieser Betrachtung einen weiteren Beitrag zur Pflege eben dieser Kultur leisten, um Widerspruch zu leisten, wenn es darum geht vorwiegend injuriierende Polemik zu verlautbaren und um Einspruch einzulegen, wenn es angezeigt scheint, damit missverständliche Argumentationskonstrukte widerlegt werden. Zugleich soll eine Sichtweise Berücksichtigung finden, deren analoge Beachtung durchaus sinnvoll erscheint, da sie davon ausgeht, es könne „in der Geschichte keine endgültige Lösung geben. Ihre Möglichkeit und ihre Grenze ist der Augenblick. Ihre Legitimität liegt darin, daß ein Widerruf eingeräumt wird: zwar hält sie sich an eine einzige Möglichkeit, gibt aber gleichzeitig zu erkennen, daß verschiedene Möglichkeiten in ihr enthalten sind. Und das sollten vielleicht die Nachsichtigen unter ihren Verächtern der Geschichte zugute halten: was sie zu behaupten vorgibt, widerlegt sie selbst durch das unwillkürliche Angebot mehrerer Möglichkeiten"[21].

Diese entliehene Abstraktion soll wegbereitend sein, um am Ende dieser Betrachtung desiderat-diskursiv vorschlagen zu können, *dass man sich besserer Erkenntnis folgend an der einen oder anderen Stelle bedenkt und möglicherweise korrigiert.*

[20] Weidner/Kilb 2011, S. 7

[21] Lenz 2006, S. 86

Dabei bleibt, das sei erneut betont, das eingangs erwähnte Dilemmata nicht unberücksichtigt, das diesen Einlassungen immanent ist; verdeutlicht wird somit, „wo Schwachstellen […] liegen; die Anwendung der dargestellten Überlegungen zur Generalisierbarkeit von Aussagen auf die eigenen Ergebnisse können dazu einen Beitrag leisten, es gehört dazu aber auch eine grundsätzliche Offenheit der Wissenschaftler für erstehende Probleme und die Bereitschaft, diese Probleme auch zur Diskussion zu stellen"[22].

Voilà.

---

[22] Patry/Dick 2002, S. 92 f.

Hinführung oder: Bereits Bekanntes

Als Einstieg sei eine an anderer Stelle veröffentlichte Passage[23] gewählt, um dem Thema dieser Publikation näher zu kommen.

Jugend und Gewalt; Jugend und Kriminalität; Jugendgewalt und Jugendkriminalität – allesamt Phänomene mit dauerhafter medialer Präsenz. Im Wesentlichen wird der Fokus auf die Jugendgewalt gerichtet, vor allem wenn diese Fokussierung im Kontext von Körperverletzungs- sowie Raub- und Erpressungsdelikten erfolgt. Dabei generiert die massenmediale Berichterstattung den Effekt, dass „insbesondere physische Gewaltanwendung gegen Personen deutlich überrepräsentiert [ist]"[24]. Wenig bis gar nichts wird dadurch zum Guten befördert – eher wird ein Dilemmata festgeschrieben: „Die von den Printmedien, Fernsehen und Rundfunk mitproduzierte öffentliche Meinung setz[t] Politiker wie Praktiker unter einen ständigen Erklärungs-, Legitimations- und Handlungsdruck"[25], so dass bei der phänomenalen Betrachtung der Thematiken Jugendgewalt und Jugendkriminalität – „eine sprachliche Kampfformel"[26] – sowie der damit konnotierten Begleiterscheinungen zu Recht der Hinweis auf die Schwierigkeit in diesem diskursiven Geflecht erfolgt, „objektive Einschätzungen zu einem real nur selten beobachteten Phänomen abzugeben"[27]. Viel mehr potenzieren die Medien lediglich den Eindruck einer Zu-

23 Schawohl 2013

24 Dollinger/Schmidt-Semisch 2010, S. 11

25 Colla 2007, S. 34

26 Dollinger 2010, S. 12 f.

27 Steiner 2011, S. 7

nahme – gleichsam einer Omnipräsenz; allerdings handele es sich hierbei „eher um einen im Laufe des 20. Jahrhunderts und noch deutlicher in den letzten Jahren medial populär gewordenen Kunstgriff als um ein eigenständiges Phänomen"[28]. Schon Mitte der sechziger Jahre des vorherigen Jahrhunderts lautete eine Fragestellung:

„Steigt die Jugendkriminalität wirklich? Bereits 1965 erschien eine Studie [...] unter diesem Titel. Die Ergebnisse sind spektakulär, und zwar gerade deswegen, weil sie es im Grunde nicht sind. Sie reduzieren nämlich das wieder und wieder berufene ‚explosive' Ansteigen der Jugendkriminalität auf seine ganz und gar unspektakulären wahren Dimensionen"[29] – soweit der pragmatische Lakonismus der seinerzeitigen Darstellung.

Jahrzehnte später wird festgehalten, „seit Anfang der 1990er Jahre steht das Thema ‚Jugendgewalt' im Mittelpunkt der Aufmerksamkeit – vor allem der Massenmedien, der Pädagogik, der Rechtspolitik und nicht zuletzt der Kriminologie bzw. der Sozialwissenschaften. Ständige Schreckensmeldungen über Gewalttaten von jungen Menschen [...] und scheinbar unaufhörlich steigende Kriminalitätsraten, insbesondere im Bereich der Gewaltdelinquenz, vermitteln in den letzten Jahren den Eindruck, als sei die Jugend das zentrale Problem der inneren Sicherheit in Deutschland"[30] – soweit die kontinuierliche Fortschreibung dieses Phänomens.

Hinsichtlich der Delikte Körperverletzung sowie Raub u.ä., weist die Polizeiliche Kriminalstatistik des Jahres

---

[28] Streit 2010, S. 35 f.

[29] Albrecht/Lamnek 1979, S. 9

[30] Leutner 2010, S. 9

2013 im Vergleich zum Vorjahr nachfolgend aufgeführte Zahlen aus[31]:

- Gefährliche und schwere Körperverletzung:
  127.869 vs. 136.077;
- Raubdelikte: 47.234 vs. 48.711;
- Tatverdächtige Jugendliche (14 – 18 Jahre):
  190.205 vs. 200.257;
- Tatverdächtige Heranwachsende (18 – 21 Jahre):
  188.670 vs. 196.255.

Obwohl die Angaben im Bereich Gewaltkriminalität, wozu gefährliche sowie schwere Körperverletzung, Raub und räuberische Erpressung zählen, insgesamt einen Rückgang um 1,0% gegenüber dem Vorjahr ausweisen und seit dem Jahr 2009 ein anhaltender Rückgang festzustellen ist, sind und bleiben die Zahlen im Vergleich doch beeindruckend. Allerdings ist darauf hinzuweisen: „Die Anzahl der registrierten Delikte fiel um 5,4 Prozent auf insgesamt 184.847"[32]. Weder Dramatisierung noch Bagatellisierung sollten handlungsbestimmend, denn „das bloße Vorkommen von Delinquenz bei Jugendlichen ist noch kein Indikator für unmittelbaren Handlungsbedarf [...]. Anders ist es, wenn – gerade bei Gewaltdelikten – Betroffene körperlich oder psychisch gravierend beeinträchtigt werden, wenn sich Taten häufen oder an Schwere zunehmen"[33] – bei der hier fokussierten Klientel lassen Tatschwere sowie Tathäufung in der Regel einen Handlungsbedarf als angemessen erscheinen; insbesondere da zu bedenken gegeben wird, „dass Kör-

---

[31] Bundesministerium des Innern (BMI) 2014

[32] Bundesministerium des Innern (BMI) 2014, S. 10; vgl. Lehnert 2013, S. 31

[33] Taefi/Görgen/Kraus 2013, S. 54 f.

perverletzung bei allen Gewaltdeliktsgruppen die häufigste Form des Gewaltrückfalls darstellt: Die Rückfallquoten liegen bei den 14 – 18-Jährigen zwischen 60% und 70%"[34]. Einen wertvollen Beitrag zum tendenziellen Rückgang leistet zweifelsfrei der umfangreiche Maßnahmenkatalog, der im Rahmen der Jugendgerichtsbarkeit zur Verfügung steht. „Ein schärferes Jugendstrafrecht brauchen wir wirklich nicht. Die Jugendgerichtsbarkeit [...] benötigt zur Bekämpfung der Rückfallkriminalität junger Täter ein breites Spektrum von geeigneten erzieherischen Maßnahmen [...]. Wir sollten alles daransetzen, die Prävention weiter auszubauen, die sich schon bisher so hervorragend bewährt hat"[35].

Eine geeignete Möglichkeit der Reaktion und zugleich eine sinnvolle Präventionsmaßnahme bietet das Spektrum der Konfrontativen Pädagogik[36]. Für die Arbeit mit gewaltbereiten sowie gewalttätigen Jugendlichen eröffnen sich dadurch geeignete Zugangsmöglichkeiten, um begonnene und/oder verfestigte kriminelle Karrieren zu beenden oder zumindest hinsichtlich der Wirkungsintensität abzuschwächen[37]. Eine Anwendungsform der Konfrontativen Methode erfolgt in der Praxis durch das Anti-Aggressivitäts-Training (AAT)[38].

In der Regel handelt es sich bei der an einem AAT teilnehmenden Klientel um junge Menschen im Alter von 16 bis 21 Jahren. Für die jüngeren Klienten ist die Teilnahme an einem Coolness-Training® (CT) eher geeignet, da die-

---

[34] Scheithauer et al. 2012, S. 45

[35] Pfeiffer 2013, S. 2

[36] Kilb/Weidner 2013

[37] vgl. Weidner/Kilb 2011; vgl. Schawohl 2012, S. 70 ff.

[38] vgl. Weidner/Kilb/Jehn 2010

se Maßnahme primär im Bereich der Jugendhilfe umgesetzt werden kann, wohingegen das AAT nahezu ausschließlich der tertiären und seltener der sekundären Präventionsstufe zuzuordnen ist. Die vom Verfasser in bisher 79 AAT- beziehungsweise CT-Kursen betreuten Jugendlichen und jungen Heranwachsenden rekrutierten sich überwiegend aus dem Bereich jener Straftäter, die – zum Teil wiederholt – durch Delikte wie Körperverletzung, gefährliche Körperverletzung, schwere Körperverletzung, Raub, räuberische Erpressung sowie versuchte oder vollendete Tötungsdelikte aufgefallen und deswegen entsprechend verurteilt worden sind; die Gruppe der zuletzt genannten Personen hat das Training als stationäre Maßnahme in einer Justizvollzugsanstalt absolviert[39]. Unter Bezugnahme auf die im ambulanten Bereich stattfindenden AAT-Kurse handelt es sich nicht selten um die als Intensivtäter bezeichneten jungen Menschen, also jene „Untergruppe der (polizeilich bekannten) Tatverdächtigen, die eine große Anzahl polizeilicher Registrierungen aufweisen"[40]. Genauer: Die Teilnehmer eines Anti-Aggressivitäts-Trainings gelten nahezu allesamt als gewaltbereit und/oder gewalttätig, gleichsam „offensivsozial orientierte Gewalttäter"[41]. Ein nicht undramatisch klingendes, allerdings in seinem Tenor gar nicht so untypisch anmutendes, zugrunde liegendes Urteil eines AAT-Teilnehmers lautet folgendermaßen: „Der Angeklagte ist des Raubes, der räuberischen Erpressung in Tateinheit mit gefährlicher Körperverletzung, der Körperverletzung in fünf Fällen, davon in zwei Fällen in Tat-

[39] Schawohl 2005, S. 327 ff.

[40] Naplava 2010, S. 294

[41] Sitzer 2009, S. 186

einheit mit Bedrohung, in zwei Fällen in Tateinheit mit Beleidigung und in drei Fällen in Tateinheit mit Widerstand gegen Vollstreckungsbeamte, der gefährlichen Körperverletzung in Tateinheit mit Sachbeschädigung und Bedrohung, des Diebstahls, der Bedrohung und der Beleidigung in drei Fällen, davon in zwei Fällen in Tateinheit mit Widerstand gegen Vollstreckungsbeamte und in einem Fall mit Bedrohung schuldig"[42] – „der Gewalttatbestand dominiert mit 88% [...] bei den AAT-Absolventen"[43], lässt sich somit nachvollziehbar konstatieren. Und nach Ansicht des Verfassers sollte eine wiederholte Straftätigkeit der hier betrachteten Deliktqualität nicht aufgrund juristischer Rabulistik – dies gilt vor allem für die strafverteidigende Seite – euphemistisch bagatellisiert werden[44]. Vielmehr scheint der pragmatisch bewertende Blick angebrachter und angemessener, der es zur Stärkung des Rechtsbewusstseins der Allgemeinheit für erforderlich hält, „die Normgeltung durch Ausspruch eines Unwerturteils und Zufügung eines Übels zu bestätigen"[45], und in diesem Zusammenhang sind weitere Punkte gleichsam als Desiderat anzufügen: Grenzsetzungen müssen transparent benannt werden und sollten nachvollziehbar sein; Grenzübertretungen, vor allem die wiederholten, müssen Konsequenzen nach sich ziehen. „Es kommt also nicht nur darauf an, dass Jugendliche Normen kennen, sondern sie müssen auch bestimmte Reaktionen auf Normbrüche erwarten, damit

[42] Schawohl 2009, S. 143

[43] Kilb/Weidner 2010, S. 89

[44] vgl. Rückert 2011, S. 10 ff.

[45] Kurzberg 2009, S. 25

für sie Normsicherheit entsteht"[46], da „kriminologische Erkenntnisse belegen [...], dass ausbleibende staatliche Reaktionen jugendliche Straftäter zu weiteren Straftaten ermuntern können"[47]. Eine mögliche Konsequenz könnte die Teilnahme an einem AAT sein. Hier sei auf das Ergebnis eines Arbeitskreises des 28. Deutschen Jugendgerichtstages verwiesen, welches das Potential ambulanter Maßnahmen hervorhebt, da als unbestritten angenommen wird, dass jene auch in spezialpräventiver Hinsicht als überlegene Reaktionsform gegenüber den freiheitsentziehenden Maßnahmen gilt[48]. Auch dieser Aspekt ist für das AAT relevant. Bei gelingender Umsetzung gehen damit zudem eine präventive sowie eine gesellschaftsintegrierende Komponente einher.

Der Verfasser hat sich mehrfach über die Geeignetheit dieser Methodik geäußert[49]. Mit Verweis auf die an anderer Stelle ausführlicher umrissene Klientel[50] sei hier auf einen generellen Bedeutungspunkt hingewiesen: „Die allgemeinen Ziele einer Konfrontativen Pädagogik gehen [...] weit über das bisherige AAT-Curriculum hinaus und zielen auf Aspekte wie eine autonome Handlungsfähigkeit und die Befähigung zur selbst bestimmten Lebensführung, die Selbstregulation als Selbsthilfe- und als Grundlage für Selbstorganisationsfähigkeit, die Unterstützungsmaßnahmen durch lebensweltliche Ressourcen.

---

[46] Robertz/Wickenhäuser 2010, S. 229

[47] LKA Hannover 2013, S. 2

[48] Ulrich 2010, S. 16

[49] vgl. Schawohl 2013; vgl. Schawohl 2011, S. 182 ff.

[50] vgl. Schawohl 2009

Die im Curriculum integrierten Aspekte sind zunächst einmal rein operative Handlungsziele"[51].

Trotz der inhaltlichen Potentiale wird das Anti-Aggressivitäts-Training von Beginn an seitens eines interdisziplinär ausgerichteten Forums fachlich-kritisch[52], vereinzelt ignorant-polemisc[53], zudem ignorant-kontrafaktisch[54], begleitet – allerdings ohne dabei die nachfolgend genannten Evaluationsergebnisse widerlegen zu können, denn die festgelegten Qualitätsstandards sowie ein jeweils für einen Trainingskurs zugrunde liegendes Curriculum[55] implizieren „eine hohe fachliche Qualifikation der Trainer, die fortwährende wissenschaftliche Begleitung und Fortentwicklung der Methode"[56] und die Überprüfbarkeit hinsichtlich der positiven Wirkungsfaktoren, die das praktische Gelingen begünstigen[57].

[51] Kilb 2011, S. 39

[52] Leutner 2010; Hörmann/Trapper 2007

[53] Rzepka 2004, S. 126 ff.; Kunstreich 2000, S. 35 ff.

[54] Plewig 2010, S. 427 ff.

[55] Schawohl 2012, S. 70 ff.

[56] Hein 2011, S. 69

[57] vgl. Schneider 2010, S. 15

Die Trainingsstandards und relevante Evaluationen

Sowohl das AAT als auch das CT lassen sich der sogenannten *Konfrontativen Pädagogik* zuschreiben – diese Ansätze „artikulieren sich einerseits in einer klar grenzzie-
henden und intervenierenden Haltung bei Regelverletzungen, andererseits in Form curricularer Programman-
gebote wie etwa dem Antiaggressivitäts- und dem Cool-
nesstraining"[58]. Die vom Institut für Sozialarbeit und Sozialpädagogik (ISS) in Frankfurt und vom Institut für
Konfrontative Pädagogik (IKD) in Hamburg verbindlich
festgelegten Rahmenbedingungen gestalten sich wie
folgt[59]:

- Die Zielgruppe umfasst grundsätzlich jene Menschen, die wiederholt Straftaten im Bereich Körperverletzung und/oder Raub oder ähnliche Delikte begangen haben;
- die Dauer des Trainings liegt bei etwa einem hal-
  ben Jahr;
- mit einem feststehenden Termin pro Woche, der ca.
  drei Zeitstunden beträgt;
- die teilnehmenden Personen müssen dem Training
  inhaltlich sowie sprachlich folgen können;
- das Training gliedert sich in die Phasen:
  1. Integration,

  2. Konfrontation,

  3. Coolness- oder Kompetenzphase,

  4. Reflexion.

[58] Kilb 2011, S. 60

[59] Weidner 2011, S. 101 f.; Schawohl 2009

- Ein halbes Jahr nach dem Ende des Trainings werden die Absolventen zu einem Nachtreffen eingeladen;
- den Teilnehmern soll möglichst während der Phase der Integration der Schritt von der sekundären zur primären Behandlungsmotivation gelingen;
- das AAT-Team sollte geschlechtsheterogen sein und idealtypisch aus drei bis vier Personen bestehen. Von der Gruppenleitung wird ein abgeschlossenes Hochschulstudium im Bereich Erziehungswissenschaft, Sozialwissenschaft, Psychologie, Soziologie oder Kriminologie erwartet. Zudem ist für die Gruppenleitung eine qualifizierte Zusatzausbildung zur/zum Trainerin/Trainer für den Bereich AAT/CT erforderlich;
- ehemalige AAT/CT-Absolventen können bei entsprechender Eignung als Tutoren das Trainerteam unterstützen;
- Grundlage für das Training ist ein optimistisches Menschenbild: Akzeptanz der teilnehmenden Personen, Ablehnung der Gewaltbereitschaft sowie der Gewalttätigkeit;
- es gilt ein *non-touch-Gebot*: Teilnehmer werden beim AAT ausdrücklich nicht berührt. Darauf weisen das ISS und das IKD hin. Bei Verstößen gegen diese Vorgabe erfolgt durch die genannten Institute der Entzug der Lizenz, so dass eine weitere qualifizierte Durchführung von Trainings nicht stattfinden kann;
- Ausschlusskriterien: Personen mit Suizidgefährdung, Personen mit Traumatisierungen, Personen, die vordergründig alkohol- oder anderweitig drogenabhängig sind, Mitglieder der organisierten Kri-

minalität, Personen, die ausschließlich Sexualstraftaten begangen haben, sind für dieses Training nicht geeignet.

Ergänzt sei: „Das AAT zielt auf die Förderung folgender zentraler Dimensionen psychosozialer Handlungskompetenz: Empathiefähigkeit, Frustrations-, Ambiguitäts- oder Ambivalenztoleranz sowie Rollendistanz, verbale Kommunikationsfähigkeit"[60].

Die Verbreitung sowie die hohe Akzeptanz dieses Angebotes mag neben der die Klienten ansprechenden Art der Kommunikation[61] den umfassenden Evaluationsergebnissen der vergangenen Jahre geschuldet sein, die sich explizit mit dem Anti-Aggressivitäts-Training befasst haben und unter anderem folgende Resultate benennen:

- Ressourcen werden aktiviert und es gelingt eine Erweiterung des Handlungsrepertoires[62];
- das AAT wirkt reflexionsfördernd und gewalthemmend[63];
- die nach außen gerichtete Aggressivität wird abgebaut[64];
- in betreuten Einrichtungen ist eine Reduzierung der Gewalttätigkeiten festzustellen[65];
- etwa zwei Drittel der AAT-Absolventen, die an evaluierten Kursen teilgenommen haben, sind nicht ein-

[60] Kilb/Weidner 2013, S. 99

[61] vgl. Schawohl 2013

[62] Schawohl 2009

[63] Feuerhelm/Eggert 2007

[64] Schanzenbächer 2003

[65] Kilb/Weidner 2010

schlägig, das andere Drittel lediglich deliktschwächer rückfällig geworden[66].

Die Wirksamkeit dieses spezifischen Trainings für eine eng umschriebene Klientel kann somit als hinreichend belegt bezeichnet werden. Dennoch wird seit Jahren nicht ohne rumpelstilzchenartige Beflissenheit das AAT perpetuierlich diskreditiert – genauer: Es könnte der Eindruck gewonnen werden, von einem eng umrissenen Personenkreis wird einem anderen eng umrissenen Personenkreis mangels anderer Möglichkeit(en) Offenstehendes rivalisierend nachgetragen; oder um es mit Voltaire zu formulieren: „Bei allen Streitigkeiten kommt es gewöhnlich dahin, dass man die Hauptsache bald beiseite lässt und sich nur mehr um eitles und gleichgültiges Gepränge schlägt"[67].

Wie auch immer: Im Laufe der Jahre ist dabei jedenfalls einiges an Veröffentlichungen zustande gekommen, was gleichwohl nicht in jedem Fall unwidersprochen geblieben ist, da es sowohl deduktive als auch induktive Repliken gegeben hat[68]. Unter anderem wird auf das Unterscheidungsmerkmal der ‚Konfrontativen Pädagogik' gegenüber früheren Orientierungs- und Sanktionierungssystemen hingewiesen, „denn sie fokussiert eine gezielte Konfrontation im pädagogischen Prozess einer Tatbearbeitung oder einer Regelverletzung, nicht aber eine Strafe. Sie fungiert sowohl als Impuls setzendes Stoppsignal und als vorübergehendes „Geländer" für neu einzuübende sozialere Verhaltensweisen, die dem Klienten schließlich

---

[66] Ohlemacher et al. 2010

[67] Kraus 2005, S. 87

[68] vgl. Kilb 2006, S. 183 ff.; vgl. Weidner/Kilb 2011

alternative sozial-kommunikative Möglichkeiten eröffnen sollen"[69]. Wesentliche Intentionen des AATs können diesem Hinweis komprimiert und bei Beachtung der vollständigen Replik[70] umfangreicher entnommen werden.

Allerdings sind trotz dieser dedizierten Einwände Unhaltbarkeiten wiederholt publiziert respektive mit minimalen Nuancen versehen fortgeschrieben worden. Weiterer Wider- und Einspruch ist somit erforderlich und wird damit nicht beendet, denn „der Widerstreit ist der instabile Zustand und der Moment der Sprache, in dem etwas, das in Sätze gebracht werden können muß, noch darauf wartet... Für eine Literatur, eine Philosophie und vielleicht sogar eine Politik geht es darum, den Widerstreit auszudrücken, indem man ihm entsprechende Idiome verschafft"[71]. Die Idiome dabei so zum Ausdruck zu bringen, dass Verletzungen trotz aller Leidenschaft vermieden werden können, lassen hermeneutische Zirkulationen wahrscheinlich(er) werden. Das ist gewünscht – ein erneutes voilà.

[69] Kilb 2006, S. 281

[70] Kilb 2006, S. 278 ff.

[71] Lyotard 1987, S. 33, zit. n.: König/Zedler 2002, S. 223

Kritische Stimmen zum AAT, Kritikaster und korrigierende Anmerkungen

Nunmehr widmet sich diese Betrachtung den Stimmen, die der konfrontativen Pädagogik[72] im Allgemeinen und dem Anti-Aggressivitäts-Training (AAT)[73] im Besonderen abgeneigt, zumindest jedoch distanziert gegenüberstehen. Die Bezugnahme erfolgt mit Betrachtung jener Veröffentlichungen, in denen ein basaler – gleichwohl zum Teil inexakter – Bezug zum AAT erkennbar ist oder ein solcher sich ableiten lässt.

Dabei positioniert sich der Verfasser insbesondere gegenüber jenen Stimmen, die es seit Jahren für angezeigt halten, das Anti-Aggressivitäts-Training per se als „aggressiv"[74] oder als „unpädagogische Disziplinierung, Dressur und Unterwerfung"[75] oder gar als „psycho-terroristische Sonderbehandlung"[76] durch einen „Folterknecht"[77] zu deskribieren, deren Pädagogik mittels „Verachtung und Beschämung"[78] begründet sowie betrieben würde. Zudem wird seitens der KritikerInnen versucht, den Aspekt der Beziehungsarbeit dahingehend zu entstellen, dass diese lediglich qua permanenten Insistierens der Praktiker Berücksichtigung fände – die konfrontative Pädagogik behaupte nur eine gute Beziehung, „ohne diese Be-

---

72 Weidner/Kilb 2013; Weidner/Kilb 2011

73 Weidner/Kilb/Kreft 1997; Colla/Scholz/Weidner 2001; Schawohl 2012, S. 70 ff.

74 Plewig 2010, S. 430

75 Herz 2005, S. 367

76 Kunstreich 2003, S. 41

77 Winkler 2003, S. 45

78 Dörr 2010, S. 200

hauptung an mehr zu binden [,] als das eigene Erleben
der Therapeuten"[79], – es würden professionelle Macht-
monopole reproduziert, „die Fragen nach der Bezie-
hungsqualität des Arbeitsbündnisses zwischen konfronta-
tivem Akteur und Trainingsteilnehmern in interaktionis-
tischen Machtspielen aufgehoben sehen"[80].

Folgt man einem solchen Irrglauben, lässt sich auch ein
Satz unwidersprochen goutieren, der meint betonen zu
müssen, „Anti-Gewalt-Pädagogik steht – <u>im Gegensatz
zur umstrittenen Konfrontations-Maxime des Anti-Ag-
gressions-Trainings</u> [Unterstreichung durch den Verf.;
Anm.] – für ein Methodenspektrum, das die erlebte Gewalt von Jugendlichen reflektiert und Konfrontation als
Ergebnis eines gelungenen Beziehungsaufbaus be-
greift"[81]. Ohne jegliche Überraschung kann festgehalten
werden: Die Konfrontation ist beim AAT ebenso nichts
anderes als das Ergebnis eines gelungenen Beziehungsaufbaus, gemäß der dem Curriculum immanenten Triade *Transparenz – Kooperation – Konfrontation*[82]; manche
Wiederholung mag zu einem besseren Verständnis bei-
tragen.

Moderater vernimmt sich die Ausschreibung, „Wissenschaftler und Praktiker betreten das pädagogische Feld
der so genannten Anti-Gewalt-Arbeit mit breit gefächer-
ten Ansichten. Die Eckpunkte werden durch Konfrontation und heiße Stühle, aber auch durch die Würdigung von
Traumatisierungserfahrungen und Beziehungsarbeit mar-

---

[79] Rödler 2005, S. 349

[80] Heuer 2012, S. 200

[81] DVJJ Veranstaltungskalender 2013

[82] vgl. Schawohl 2001, S. 48

kiert. [...]"[83] Diese Formulierungen implizieren sowohl Bedenken als auch Offenheit sowie einladende Bereitschaft zum Austausch unterschiedlicher Ansichten und widersprechender Meinungen, so dass eine weiterführende Debatte angeregt werden kann.

In einem *Zwischenergebnis* über die ‚Konfrontative Pädagogik' wird unter der Überschrift *Theoretischer Irrgarten* wie folgt bilanziert: „Allein die Auflistung der von den Vertretern des Anti-Aggressions-Training bzw. der Konfrontativen Pädagogik (vor allem Colla: Heilemann/ Frischwasser [!] von Proeck: Kilb/Weidner) erwähnten theoretischen Bezüge lässt erkennen, dass es an der gebotenen analytischen Durchdringung fehlt. Die einzelnen Ansätze bzw. Theorien werden nicht auf ihren je spezifischen Erkenntniswert hin und schon gar nicht auf ihre wechselseitige Verträglichkeit hin geprüft. Diese gravierenden wissenschaftlichen Mängel sind in jedem einzelnen Fall vorhanden. Vielfach meinen die Autoren bzw. die zitierten Konzepte etwas anderes oder gar Gegensätzliches als das, wozu sie im AAT benutzt werden.

Die psychisch hochgradig belastenden und verfassungsrechtlich zweifelhaften Methoden der Konfrontation und des ‚Heißen Stuhls' wurden von Therapeuten unter ganz anderen Umständen eingesetzt, als dies nun in professionell bedenklicher Weise mit angelernten ‚Trainern' in Totalen Institutionen des Strafvollzugs geschieht.

Die Protagonisten der Konfrontativen Pädagogik provozieren in ihrer Selbstdarstellung mit ihrem Sprachgebrauch. Ihnen fehlt jede Anstrengung, sich der Müh-

[83] DVJJ Veranstaltungskalender 2014

sal wissenschaftlicher – theoretischer, methodischer und diagnostischer – Herleitung zu unterziehen.

Mit diesem Zwischenergebnis ist das willkürlich begründete Konzept des Anti-Aggressions-Trainings mit dem ‚Heißen Stuhl' in der vorgestellten Form fachlich nicht akzeptabel. Damit ist aber nicht die Aufgabe erledigt, eine konstruktive Perspektive für den Umgang mit abweichenden (aggressiv-gefährlichen) jungen Menschen zu entwickeln"[84]. Beiläufig ein Einschub: Diesem Anspruch genügt erwiesenermaßen durchaus das AAT – wenn dieses als Angebot den jungen Menschen jedoch nicht offeriert werden soll und andere Maßnahmen für diese Klientel bisher ebenfalls nicht als geeignete Alternative genutzt werden konnten, wäre es weiterführend, wenn bei aller Kritik eine zusätzliche Möglichkeit zur gewünschten Erweiterung der Angebotspalette genannt würde.

An anderer Stelle lautet das Zwischenergebnis: „Das Fundament der Methode bzw. des Handlungsstils Konfrontative Pädagogik besteht aus einer Liste stichwortartig zitierter theoretischer Bezüge (Lerntheorie, Psychoanalyse, Entwicklungspsychologie; sozialkognitives Lernen, peer-group-Erziehung, Provokative und Konfrontative Therapie mit ‚heißem Stuhl'). Weder die jeweilige Fundiertheit der Bezugstheorie und deren Übertragbarkeit auf das AAT noch gar die wechselseitige Verträglichkeit werden von den Vertretern des Ansatzes analysiert. Kriminologische Erkenntnisse, speziell zur Wirksamkeitsforschung, kommen nicht zur Sprache. Aber da das AAThS darauf aus ist, mentale Haltungen und Verhaltensweisen der jungen Straffälligen zu brechen, ist das

---

[84] Plewig 2010, S. 156

zerstörerische Element des Konzeptes Teil des Programms.

Es ist nicht der Einwand exzessiver ,Konfrontation' allein, der diese Methode obsolet macht. Ungeklärte fundamentale Fragen, wie der erziehungswissenschaftlichen Begründung von Strafe und der Aspekt der Interventionsberechtigung, kommen hinzu. [...]"[85]. Dieser Duktus wird unbeirrt beibehalten: „Keiner der theoretischen Bezüge ist angemessen erfasst und durchdacht worden"[86].

Ein wenig mehr als diese Unterstellungen steht beim AAT schon dahinter, wie der geneigte und sich umfassender informierende Interessierte entsprechenden Publikationen durchaus hätte entnehmen können[87], und auch die Schlussfolgerung, dass „das Programm stark provokativ und konfrontativ angelegt [ist], [hat] wahrscheinlich auch zu seiner medialen und pseudowissenschaftlichen Beliebtheit geführt"[88], ist so singulär nicht zutreffend, denn es „[...] bleibt [...] zu konstatieren, dass [...] das AAT im Vergleich zu anderen Gewaltpräventionsmaßnahmen [...] durchaus an der Spitze in puncto Evaluation anzusiedeln ist"[89]. Von daher dürfte die Annahme zulässig sein, dass die Verbreitung resp. Beliebtheit durchaus auf gut begründetem Fundament ruht. Somit ist es wohl nicht nur eine „allgemeine Auffas-

---

[85] Plewig 2010, S. 432

[86] Plewig 2013, S. 87

[87] Kilb/Weidner 2011; Kilb/Weidner 2004; Schawohl 2009

[88] Köhler 2009, S. 414

[89] Leutner 2010, S. 71

sung"[90], wenn auf positive Effekte der Maßnahme *Anti-Aggressivitäts-Training* verwiesen wird.

Sind allerdings nicht auszuschließende professorale Fehdeattitüden sowie nicht zu leugnende Ignoranz ein Antrieb für publizierte Positionierungen zum AAT und werden eben diese Evaluationen schlicht nicht berücksichtigt, ergeben sich unter anderem Bedenken „aus dem allgemeinen verfassungsrechtlichen Grundsatz der Verhältnismäßigkeit, wonach die Ausübung staatlicher Gewalt geeignet, erforderlich und angemessen im engeren Sinne sein muss [...]. Das Kriterium der ‚Erforderlichkeit‘ erscheint – schon angesichts der dürftigen empirischen Befunde (vgl. Ohlemacher u.a. 2001) – zweifelhaft, da bei gleicher Eignung mildere Maßnahmen möglich und vorrangig einzusetzen sind"[91]. Ob einer solchen Einlassung mag der Laie staunen, der Fachmann jedoch wundert sich allemal. Es kommt schon einer antichambrierenden Verzweiflung nahe, wenn anno 2010 ausschließlich auf Ohlemacher et al. 2001 verwiesen wird, ohne dabei andere im Laufe der Jahre hinzugefügte Evaluierungen zumindest zu erwähnen, als da – wie zum Teil oben bereits genannt – unter anderem wären:

Schanzenbächer (2003), van Rennings (2003), Kilb (2003), Kilb/Weidner (2003), Schanzenbächer (2004), Toprak (2004), Rau (2006), Hein (2006), Feuerhelm/Eggert (2007), Schawohl (2009)[92] – solche Auslassungen, so darf angenommen werden, passieren nicht aus Versehen. Die beabsichtigte Intention mag die geneigte Leserschaft in eigener Vermutung zu ergründen suchen.

---

[90] Fritsch 2011, S. 32

[91] Plewig 2010, S. 437

[92] vgl. dazu: Leutner 2010, S. 66 ff.

An dieser Stelle sei auf einen berechtigten Einwand verwiesen, der es begrüßen würde, „wenn sich AAT/CT-Kritiker […] – trotz ihrer Bedenken gegen das konfrontative Handeln in der Sozialen Arbeit und Erziehungswissenschaft – zukünftig die Mühe geben würden, diese Ergebnisse korrekt wiederzugeben"[93]. Gerne wird auf die vorab erwähnte Ohlemacher et al.-Studie verwiesen und dabei den folgenden Lesarten beigepflichtet: „Die Frage, ob konfrontative Techniken tatsächlich anderen Formen der pädagogischen und therapeutischen Intervention überlegen sind, kann zum jetzigen Zeitpunkt nur verneint werden. Entgegen der selbstbewussten Interpretation der Protagonisten kann keineswegs davon ausgegangen werden, dass mit AAT und CT Verhaltensänderungen einhergehen, die in ihrer Qualität und Nachhaltigkeit anderen Formen der systematischen, fachlichen pädagogisch-therapeutischen Intervention überlegen sind"[94], und: „So wird in einer Evaluation des Anti-Aggressivitäts-Trainings in einer Jugendstrafvollzugsanstalt bei weitestgehender Parallelisierung der Kontrollgruppe für die Behandelten wie für die Unbehandelten eine Quote des Rückfalls mit Gewaltdelikten von etwa 35% festgestellt. Eigentlich müsste dies zu dem Schluss führen, dass ein solches Trainingsprogramm eben keine besonderen Wirkungen mit sich bringt, und dass derartige Interventionen, da offensichtlich zusätzliche Kosten bei fehlendem Nutzen verursachend, überflüssig sind. Dieser Schluss wird freilich nicht gezogen; vielmehr wird die verwirrende und außerdem vollkommen überflüssige Feststellung getroffen, das Trainingsprogramm

[93] Weidner 2010, S. 77

[94] Simon 2006, S. 40

sei zwar nicht besser, aber auch nicht schlechter als Anderes. Evaluationsforschung wird damit fast beliebig"[95].

Der unterstellte Überlegenheitsanspruch ist so von den Protagonisten nicht behauptet worden und weiterhin ist es mindestens ebenso verwirrend, wenn der ganz und gar nicht überflüssige Hinweis außer Acht gelassen wird, dass die Kontrollgruppe eben keine Unbehandelten, sondern vielmehr Personen waren, „die neben Schule oder Berufsausbildung in der Sozialtherapie, im Gesprächskreis Tötungsdelikte oder im Speziellen Sozialen Training ebenfalls deliktspezifisch behandelt wurden. Die Studie vergleicht also behandelte Gewalttäter mit behandelten Gewalttätern [Unterstreichungen durch den Verf.; Anm.] und kommt bei beiden Gruppen zu dem erfreulichen 2/3 Ergebnis"[96]. Ginge es um eine ernsthafte wissenschaftlich-akademische Auseinandersetzung wäre es einem seriösen Anstand geschuldet, solch einen prominenten Aspekt zumindest zu erwähnen – wenn es denn darum ginge. Es genügte der lakonische Hinweis: „Zusammenfassend lässt sich festhalten, dass das AAT zwar offensichtlich eine wirksame Methode zur Gewaltreduzierung darstellt, überlegen ist sie anderen Maßnahmen jedoch nicht"[97] – so simpel lässt sich diese Tatsache formulieren.

Unisono wird in diesem Kontext an anderer Stelle tenoriert, es ließe „sich ein erschreckendes Forschungsdefizit feststellen. Dies ist umso bedeutsamer[,] da bisherige Studien zur Wirksamkeit (Validitätskriterium der Legalbewährung) zu wenig erfreulichen Ergebnissen gekommen sind: das AAT® scheint nämlich nicht besser, aber

---

[95] Albrecht 2003, S. 230

[96] Weidner 2010, S. 76

[97] Schäfer 2011, S. 100

auch nicht schlechter zu wirken als eine Standardbehandlung im Jugendstrafvollzug (vgl. Ohlemacher et al., 2001).

Wenn bereits das Hamelner Original-Programm keine besseren Resultate bringt als herkömmliche Behandlung, erscheint die Wirksamkeit abgewandelter und teils ‚zusammengeflickter‘ Trainings noch fraglicher"[98]. Welch eine bemerkenswert unlogische Schlussfolgerung, und das in mehrfacher Hinsicht:

- sollten Unzulänglichkeiten im Hamelner Original-Programm vorhanden sein, gehörten diese doch allemal korrigiert;
- sollte die Umsetzung des Programms aufgrund personeller Disqualifizierungen unzureichende Ergebnisse verursachen, wäre diesbezüglich selbstverständlich Handlungsbedarf gegeben;
- werden korrigierende Modifizierungen dann jedoch als abgewandelte resp. ‚zusammengeflickte‘ Trainings abqualifiziert, scheint wohl eher die Ablehnung in globo intendiert zu sein;
- Korrekturen sind gleichwohl bei vermuteter Geeignetheit einer Maßnahme nichts anderes als eine professionalisierte Qualifizierung, um erkannte Mängel sowie festgestellte Defizite zukünftig zu vermeiden.

Ergänzend zum bereits erwähnten fallibistischen Vorbehalt sei angemerkt, „die Entwicklung der Konfrontativen Pädagogik als Handlungsmethode erfolgte einerseits erfahrungsbasiert und in hypothesengestützter Form, angelehnt an wissenschaftliche Befunde aus der Lerntheorie,

---

[98] Köhler 2009, S. 416

der Kognitionspsychologie, der Konfrontativen und Provokativen Therapie; andererseits wurden die ersten Curricula in experimenteller Form eines *Trial-and-error*-Verfahrens in der Praxis erprobt"[99], und „in manchen unserer Planungen und Tätigkeiten liegt ein Risiko; wir entdecken es zuweilen erst, wenn es sich erfüllt hat"[100] – so ist das, wenn der Mut aufgebracht sowie das Wagnis eingegangen werden, Neues in die Welt gelangen zu lassen, damit es sich bewähren kann oder eben nicht – in diesem Falle hat es sich trotz aller berechtigten und unberechtigten Kritiken bewährt.

Nachfolgend werden einige der vorgebrachten Kritikpunkte einer genaueren Betrachtung unterzogen.

[99] Kilb/Weidner 2013, S. 14
[100] Lenz 2011, S. 118

Korrekturbedürftiges I oder:

Über Beziehungsarbeit im Allgemeinen und eine Beziehung im Besonderen: „Das ist viel schöner, wenn Du Deine Freundin einfach mal so in den Arm nehmen kannst und ihr dann einen Kuss gibst"

Zunächst sei der Beitrag „Alternative zur >Kusstherapie<?"[101] erwähnt. Darin wird in der Überschrift Bezug zu einem Artikel des Verfassers[102] genommen. Die Veröffentlichung richtet sich wie folgt an die lieben „Leserinnen und Leser der BEHINDERTENPÄDAGOGIK, der Titel meines Editorials soll in doppelter Hinsicht zielführend sein. Zum einen verweist das hoffentlich spontane Unwohlsein bei der >Kusstherapie< [,Küssen statt Schlagen – zu schön um wahr zu sein!' Der letzte Satz des Buches Colla, Scholz, Weidner (Hg.) [...]] auf ein wenn nicht explizites so doch implizites Wissen, dass auch die schönsten, beziehungsstiftenden Mittel der Begegnung sich in ihr Gegenteil verkehren, zum realen Missbrauch werden, wenn sie einseitig >technologisch< benutzt, aus ihrem Kontext gerissen, zu ebensolchen >Mitteln< verkommen"[103]. Dem zu folgen ist nur ex falso quodlibet möglich, also indem aus einer falschen Aussage eine beliebige Aussage gefolgert wird, denn exakt die editorischen Worte weisen darauf hin, dass etwas in dem Moment, da es aus dem Kontext gerissen wird, in der Tat verkommen kann. Das aus dem Zusammenhang gerissene Zitat verkommt insofern, als der erläuternde Bezug des Zustandekommens der

---

[101] Rödler 2005, S. 343 ff.

[102] Schawohl 2001, S. 199 ff.

[103] Rödler 2005, S. 349

Schlusssentenz *Küssen statt schlagen* fehlt; anderenfalls wäre für die *lieben Leserinnen und Leser* deutlich geworden, dass es um das Feedback eines jungen Heranwachsenden an einen Probanden geht, nachdem dieser eine „heiße Stuhl"-Sitzung beendet hat und ihm mitgeteilt wird: ‚‚‚Ich geb Dir einen Tipp: Hör mit dem Saufen auf. Ich hab früher auch viel gesoffen – das ist nichts. Das ist viel schöner, wenn Du Deine Freundin einfach mal so in den Arm nehmen kannst und ihr dann einen Kuss gibst. Das ist schon was Schönes'. Küssen statt schlagen – zu schön, um wahr zu sein"[104]. Mit diesen ergänzenden Sätzen erschließt sich die reflektierende und gleichsam perspektivische Bemerkung als sinnvoll, vor allem, weil diese Bemerkung durch eine Probanden-Interaktion zustande gekommen ist. Diese Auslassung verwundert insofern, als gerade der genannte Autor hinsichtlich der Beziehungsarbeit unterstellt, die Existenz einer >guten Beziehung< würde lediglich behauptet, „ohne diese Behauptung an mehr zu binden als das eigene Erleben der Therapeuten"[105]. Es sind gerade nicht nur die Erlebnisberichte der AAT-Professionellen, die in der Fachliteratur publiziert werden, sondern ebenso die Schilderungen der Probanden, die einen gelungenen Theorie-Praxis-Transfer vermuten lassen. Beispielhaft sei das nachfolgende Interview[106] mit einem 17-jährigen AAT-Absolventen genannt:

[104] Schawohl 2001, S. 222 f.

[105] Rödler 2005, S. 349

[106] Schawohl 2013, S. 116 ff.

[Was hat für Dich dafür gesprochen, diesen AAT-Kurs durchzuführen?]

Ich hab das von anderen vorgeschlagen bekommen. Mein Cousin hat diesen Kurs auch gemacht. Von dem kam der Vorschlag. Da lernst Du, dass Du nicht durchdrehst, hat er gesagt. Das war dann wie eine Herausforderung für mich. Das wollte ich dann auch. Nicht durchdrehen ist gut und auch die Herausforderung – das bringt dann schon was.

[Was ‚bringt' es denn?]

Du hast weniger Stress, Du hast Deine Auflagen erfüllt, Du musst nicht immer zur Polizei oder zum Gericht, Du musst kein Schmerzensgeld bezahlen, Du lernst 'n paar neue Leute kennen – so gesehen eigentlich nur Vorteile.

[Zumindest hast Du nur Vorteile genannt bisher.]

Geht wohl nicht anders (lacht).

[Das sind dann ja einige Gründe, die für Dich dafür gesprochen haben. Welcher dieser Gründe war für Dich der wichtigste?]

Hm, würde ich sagen weniger Stress und die Auflage weg, ja, die beiden sind wichtig. Also, die anderen sind auch nicht unwichtig jetzt, aber die beiden sind dann an eins und zwei bei mir.

[Ok.]

[Wann hast Du die Entscheidung getroffen, diesen AAT-Kurs bis zum Ende durchzuführen?]

Gleich bei der ersten Sitzung, als ihr vom ‚heißen Stuhl' gesprochen habt. Ab der dritten, vierten Sitzung hat das richtig Spaß gebracht, so da sitzen, reden, in der Gruppe – das war richtig gut.

[*Was war es genau, was ‚ab der dritten, vierten Sitzung richtig Spaß gebracht' hat?*]

Die Leute waren gut muss ich sagen, also ihr Trainer so. Ihr ward jetzt nicht so locker, so lass mal irgendwas machen hier so, sondern ihr habt klar gesagt, was abgeht und ihr habt den Leuten irgendwie den Eindruck gegeben, das kann was bringen, wenn die auch mitmachen dabei.

[*Wodurch ist dieser Eindruck ‚das kann was bringen' denn entstanden?*]

Gute Frage. Wodurch ist der entstanden? Auf jeden Fall, weil ihr gut ward, also, man hatte den Eindruck, ihr habt Ahnung, genau: Ihr wisst, wovon ihr redet und man kann euch nichts vormachen, weil ihr einen Blick dafür hattet, was da abgeht, sozusagen Profis, die das machen.

[*Welch ein Kompliment.*]

(Lacht). Ist so. Können Sie ruhig glauben, ich hab ja mein Zertifikat schon bekommen, also muss ich doch nicht schleimen (lacht).

[*Ok. Was hat denn für Dich die ‚Profis' ausgemacht?*]

Ja, wie gesagt: ihr wusstet, was ihr da macht. Da hat man gemerkt, ihr hattet einen Plan und man konnte euch nicht so austricksen. Schon gar nicht, wenn es um das Reden geht, da seid ihr abgewichst eben. Abgewichst und fair dabei – das macht euch zu Profis. Und da waren wir gut aufgehoben, genau.

[*Warum hast Du Dich entschieden, diesen AAT-Kurs bis zum Ende durchzuführen*]

Weil ich weniger Stress haben will. Man wird älter und ich hab keinen Bock mehr auf Knast. Das ist richtig scheiße. Und jetzt hab ich wieder ein Verfahren und dann kann ich denen zeigen, dass ich keinen Scheiß mehr machen will. Weniger

Stress und keinen Knast mehr. Das ist ja auch irgendwann genug. Und ihr habt mir ja gezeigt, wie das geht.

[Wodurch bist Du angeregt (motiviert) worden, diesen AAT-Kurs bis zum Ende durchzuführen]

Na ja, einmal eben durch meinen Cousin, das hab ich ja schon gesagt. Und dann auch, weil die Gruppe ok war. Und weil ich jetzt sehen will, dass das alles besser wird mit Schule, Job und Ausbildung und so, also, dass irgendwie alles mal ohne diesen illegalen Scheiß läuft. Resozialisiert eben (lacht).

[Würdest Du Dich jetzt so einstufen?]

Klar, ich hab doch das Zertifikat mit Ihrer Unterschrift (lacht).

[Das stimmt.]

Sehen Sie.

[Welche Bedeutung hatte das TrainerInnenteam für Deine Entscheidung?]

Euer Verhalten, euer Reden – ihr seid eine abgewichste Truppe. Am ersten Tag wusste ich schon, die sind abgewichst. Ihr redet gut und seid korrekt. Das war verlockend, so sich mit euch zu fetzen und zu reden.

[Das war Dir gleich am ersten Tag klar?]

Total. Wir hatten doch am ersten Tag voll viele Leute, die da waren, und da haben Sie doch gleich gesagt, was abgeht. Und auch so mit Fehlzeiten und Regeln haben Sie das gleich klargemacht, was das alles zu bedeuten hat und so.

[Du scheinst es verstanden zu haben.]

Ich bin ein schlauer Junge – wissen Sie doch (lacht).

[Jedenfalls so schlau, dass Du den Kurs durchgezogen hast.]

Genau.

[Unter welcher/welchen Voraussetzung/en hättest Du diesen AAT-Kurs nicht beendet?]

Das wäre gar nicht gegangen. Als ich wusste, wie ihr drauf seid, gab es da nichts mehr, gar nichts. Das war schon ok so.

So schlecht mag die Beziehung im Zusammenhang mit dem AAT nicht gewesen sein – und für eine gelingende diesbezügliche Arbeit stellt die exemplifizierte Schilderung eher die Regel als die Ausnahme dar.

Bei den möglichen methodischen Zugangsalternativen hat die in diesem Fall gewählte scheinbar gepasst. „Die Konfrontative Pädagogik steht hier [somit] für eine einzelne dieser vielen Optionen, die im Rahmen einer auf demokratischen Umgang zielenden [...] sozialen Pädagogik Anwendung finden sollte. Da sie u. a. auch durch autoritative Elemente geprägt ist, stellt sie einen Baustein für erzieherische Prozesse ganz bestimmter Adressaten in ganz spezifischen biografischen Situationen dar"[107], und ergänzend sei angemerkt: „So verschieden die Menschen sind, so verschieden ist das, was sie an Beziehungsangeboten brauchen. Welches Vorgehen als erfolgreicher zu betrachten ist, hängt sehr stark von den individuellen Bedürfnissen und Interaktionsmustern des Klienten ab"[108]. Die Berücksichtigung dieser Spezifika generieren jene Einlassungen, die zudem vermuten lassen, dass zu Recht

[107] Kilb/Weidner 2013, S. 15
[108] Klug 2013, S. 339

auf eine Studie verwiesen werden kann, da ein Psychiater in einem Gespräch auf folgendes Phänomen hinweist: „An der Universität Stanford wollte man einmal untersuchen, welche Art von Gruppentheorie besser wirkt. Dabei wurde eine ganze Reihe verschiedener Therapieschulen getestet, und am Ende kam heraus: Die Therapierichtung war völlig bedeutungslos, entscheidend war der Therapeut. Die guten hatten mit jeder Methode Erfolg, die schlechten mit keiner. Das zeigt, wie wichtig die Beziehung ist"[109]; ergänzend sei der Hinweis von Walkenhorst erwähnt, der explizit den Pädagogen als das eigentliche Interaktionsmedium dieser Arbeit bezeichnet[110] – induktiv ist die Annahme zulässig, dass schon der Glaube an den in Aussicht stehenden Erfolg, also zum Beispiel eine gelingende Absolvierung des Trainings, somit die als Voraussetzung dafür einzugehende Beziehung durchaus positiv beeinflusst und dazu beiträgt, dass ein junger Mensch zu seinen Möglichkeiten begabt werden kann[111].

[109] Schnabel 2006, S. 33

[110] Walkenhorst 2004, S. 63

[111] vgl. Colla 1999, S. 351

Korrekturbedürftiges II oder:

**Es gibt diese Jugendlichen und jungen Heranwachsenden
wirklich: „Ne, da gab es keine Grenzen dann."**

Mit Blick auf die fokussierte Klientel wird seitens der Kritikerriege mehr oder weniger unverhohlen der Eindruck erweckt, als würden diese Jugendlichen sowie jungen Heranwachsenden eher in der Phantasie der die Konfrontative Pädagogik für angemessen haltenden sozialpädagogisch Professionellen ihr Dasein fristen und die in der Regel nicht wenigen Straftaten begehen, gleichsam als würde das diesbezügliche Handeln „aufgeladen"[112].

Dass jedoch zunächst bereits ein umfangreiches juristisches Procedere stattgefunden hat, ehe gemäß einer richterlichen Weisung die Teilnahme an einem Sozialen Trainingskurs unter Umständen im Rahmen einer Bewährung ausformuliert wird, und „dass das AAT von vielen Jugendrichtern als letzter ambulanter Versuch, als ultima ratio, angesehen wird, bevor eine Inhaftierung erfolgen muss"[113], scheint völlig außer Acht gelassen zu werden. Eine Lesart lautet: „Autoritäre und strafende Reaktionen, Grenzziehungen gewinnen an Plausibilität: Anti-Aggressionstraining, Lagererziehung, schnelle Sanktion, familiär-patriarchalisch vollzogene Jugendstrafen werden durch ihre 'offensichtliche' Wirksamkeit den sanften Kontrollen gleichwertig gemacht"[114].

„Problemgruppen, die als gefährdend oder gefährlich konstruiert werden, liefern die Akzeptanz konfrontativer

---

[112] vgl. Sack 2010, S. 83

[113] Weidner 2011, S. 88

[114] Cremer-Schäfer 2010, S. 198

Methoden"[115], lautet eine weitere zumindest nicht mit ausreichend Bedacht formulierte These.

Dem kann ohne jedes Konstrukt mit den realen Gegebenheiten widersprochen werden. So heißt es beispielsweise im Urteil des jungen Heranwachsenden M.K. (18 Jahre), der den AAT-Kurs abgebrochen hat: „Der Angeklagte M.K. ist des Raubes, der räuberischen Erpressung in Tateinheit mit gefährlicher Körperverletzung, der Körperverletzung in fünf Fällen, davon in zwei Fällen in Tateinheit mit Bedrohung, in zwei Fällen in Tateinheit mit Beleidigung und in drei Fällen in Tateinheit mit Widerstand gegen Vollstreckungsbeamte, der gefährlichen Körperverletzung in Tateinheit mit Sachbeschädigung und Bedrohung, des Diebstahls, der Bedrohung und der Beleidigung in drei Fällen, davon in zwei Fällen in Tateinheit mit Widerstand gegen Vollstreckungsbeamte und in einem Fall mit Bedrohung schuldig"[116].

Ein anderes Urteil tenoriert wie folgt: „Der Angeklagte [...] ist des versuchten Totschlags in Tateinheit mit gefährlicher Körperverletzung in jeweils zwei Fällen schuldig. Der Angeklagte wird zu einer Jugendstrafe von 4 (vier) Jahren verurteilt. [...]. Jugendstrafrechtlich ist der Angeklagte bereits wie folgt in Erscheinung getreten:

- [...] gemeinschaftlicher Betrug [...];
- [...] Diebstahl [...];
- [...] gefährliche Körperverletzung [...];
- [...] Diebstahl [...];
- [...] gefährliche Körperverletzung [...];
- [...] gemeinschaftlicher Diebstahl [...].

---

[115] Heuer 2012, S. 196

[116] Urteil des zuständigen Bezirksjugendgerichtes

[Für diese Tat] holte der Angeklagte sein Messer [...] und steckte es in seine Hosentasche. [...]. Er trat den am Boden liegenden Zeugen [...], der sich aufgrund seiner Position nicht mehr wehren konnte, in den Magen sowie das Gesicht. Zusätzlich zog der Angeklagte in diesem Moment sein Klappmesser [Klingenlänge ca. 7 cm] aus der Hosentasche [...]. Der Angeklagte stach den Zeugen [...] gezielt zweimal in den Bauchbereich. [...] [Der Angeklagte] wusste, dass die Messerstiche in den Rumpf [...] tödliche Verletzungen zur Folge haben können und nahm hierbei den Tod des Geschädigten billigend in Kauf. [...].
Es bestand Lebensgefahr [...]"[117].

In einem Urteil eines anderen AAT-Teilnehmers steht unter anderem zu lesen, er sei „wie folgt strafrechtlich in Erscheinung getreten:

1. [...] Diebstahl [...].
2. [...] gefährliche Körperverletzung [...].
3. [...] gemeinschaftlicher Diebstahl [...].
4. [...] Widerstand gegen Vollstreckungsbeamte in Tateinheit mit Beleidigung und vorsätzlicher Körperverletzung [...].
5. [...] vorsätzliche Körperverletzung [...].
6. [...] gemeinschaftlicher Raub, Widerstand gegen Vollstreckungsbeamte, gemeinschädliche Sachbeschädigung, vorsätzliche Körperverletzung, Leistungserschleichung [...] und Nötigung [...].
7. [...] Beförderungserschleichung [...].

---

[117] Urteil des zuständigen Landgerichtes

8. Mit Urteil des Amtsgerichts [...] wurde der Angeklagte wegen Beteiligung an einer Schlägerei
   in Tateinheit mit gemeinschaftlicher Körperverletzung, versuchter Nötigung in Tateinheit mit
   Körperverletzung, gemeinschaftlicher gefährlicher
   Körperverletzung, Diebstahls in einem besonders
   schweren Fall in Tateinheit mit dem vorsätzlichen Führen eines Kraftfahrzeuges ohne Fahrerlaubnis [...], Diebstahls, fahrlässiger Trunkenheit
   im Verkehr in Tateinheit mit dem vorsätzlichen
   Führen eines Kraftfahrzeuges ohne Fahrerlaubnis [...] zu einer Jugendstrafe von 2 Jahren verurteilt.

Die Vollstreckung der Strafe wurde [...] zur Bewährung
ausgesetzt"[118].

Konstruiert werden muss da gar nichts.

Unkonstruiert und lakonisch erinnert ein 17-Jähriger
Kursabsolvent: „Wenn wir los waren, hat es fast immer
irgendwo dann Ärger für einen gegeben – und dann
waren eben alle mit dabei danach. [...]. Ne, da gab es keine Grenzen dann. Wenn es gescheppert hat, dann hat es
gescheppert, bis nichts mehr ging oder bis die anderen dann weg waren – Grenzen gab's da keine"[119].

Ergänzend seien die Taten aufgelistet, die von interviewten AAT-Absolventen (Abs. 1 usw.) sowie AAT-Ab-bre-
chern (Abb. 1 usw.)[120] in deren jeweiligen Gerichtsurteilen
aufgeführt worden sind:

---

[118] Urteil des zuständigen Landgerichtes

[119] Schawohl 2013, S. 125 f.; vgl. Baumeister 2013

[120] Schawohl 2009, S. 143 ff.

- Abs. 1: Schwere Körperverletzung (2x), gefährliche Körperverletzung (2x), Bedrohung, Körperverletzung, Beleidigung;
- Abs. 2: Schwere Körperverletzung, schwerer Diebstahl, Diebstahl;
- Abs. 3: Schwere Körperverletzung, Körperverletzung (3x), Diebstahl (2x);
- Abs. 4: Gefährliche Körperverletzung (2x), schwere Körperverletzung, Körperverletzung;
- Abs. 5: Gemeinschaftlicher schwerer Raub in Tateinheit mit gefährlicher Körperverletzung; gemeinschaftliche schwere räuberische Erpressung in Tateinheit mit gefährlicher Körperverletzung, gemeinschaftlicher schwerer Raub in Tateinheit mit versuchter Nötigung; gemeinschaftlicher schwerer Raub, gemeinschaftliche schwere räuberische Erpressung (4x), gemeinschaftliche räuberische Erpressung;
- Abs. 6: Schwere räuberische Erpressung (4x), räuberische Erpressung (2x); Nötigung, Widerstand gegen Vollstreckungsbeamte;
- Abs. 7: Schwere Körperverletzung, bewaffneter Raubüberfall, Körperverletzung;
- Abs. 8: Raub, räuberische Erpressung, gefährliche Körperverletzung, Körperverletzung (2x), Diebstahl;
- Abs. 9: Gefährliche Körperverletzung (3x), räuberische Erpressung (2x), Körperverletzung;
- Abs. 10: Räuberische Erpressung, gefährliche Körperverletzung (2x), versuchte Nötigung, Diebstahl;
- Abs. 11: Gefährliche Körperverletzung (3x), Raub (2x), versuchte räuberische Erpressung, Körperverletzung, Diebstahl (2x);
- Abs. 12: Schwere räuberische Erpressung (2x), gefährliche Körperverletzung (3x), Körperverletzung;

- Abs. 13: Schwere Körperverletzung, gefährliche Körperverletzung, Erschleichen von Leistungen (4x), Körperverletzung;
- Abs. 14: Räuberische Erpressung (3x), schwere räuberische Erpressung, gefährliche Körperverletzung (2x), versuchte Nötigung, Bedrohung (2x);
- Abs. 15: Versuchte räuberische Erpressung (2x), räuberische Erpressung, schwere Körperverletzung, gefährliche Körperverletzung (2x);

- Abb. 1: Körperverletzung (5x), Bedrohung (5x), Beleidigung (5x), Widerstand gegen Vollstreckungsbeamte (5x), gefährliche Körperverletzung (2x), Raub, räuberische Erpressung, Sachbeschädigung, Diebstahl;
- Abb. 2: Schwere Körperverletzung (3x), Diebstahl;
- Abb. 3: Gefährliche Körperverletzung (3x), versuchte Körperverletzung, Bedrohung, Beleidigung (2x);
- Abb. 4: Schwere räuberische Erpressung in Tateinheit mit schwerem Eingriff in den Straßenverkehr;
- Abb. 5: Gefährliche Körperverletzung, Körperverletzung, Bedrohung, Fahren ohne Fahrerlaubnis in Tateinheit mit vorsätzlicher Trunkenheit im Verkehr, Sachbeschädigung;
- Abb. 6: Versuchte gemeinschaftliche räuberische Erpressung in Tateinheit mit gemeinschaftlicher Körperverletzung, versuchter gemeinschaftlicher Raub, Körperverletzung;
- Abb. 7: Fahren ohne Fahrerlaubnis, Körperverletzung, Nötigung, gefährliche Körperverletzung;
- Abb. 8: Körperverletzung (4x), gefährliche Körperverletzung (2x), Sachbeschädigung (2x);

- Abb. 9: Räuberische Erpressung, versuchte räuberische Erpressung in Tateinheit mit Körperverletzung, gefährliche Körperverletzung, Körperverletzung (2x);
- Abb. 10: Gefährliche Körperverletzung (3x), Beleidigung (3x);
- Abb. 11: Versuchte räuberische Erpressung, gemeinschaftlicher Raub (2x), Körperverletzung (3x), Nötigung;
- Abb. 12: Raub (2x), räuberische Erpressung, Körperverletzung (2x), gefährliche Körperverletzung, Verstoß gegen das BtmG (4x);
- Abb. 13: Raub, Körperverletzung (3x);
- Abb. 14: Raub (3x), räuberische Erpressung (3x), gefährliche Körperverletzung, Körperverletzung (4x), Diebstahl;
- Abb. 15: Körperverletzung (4x), Diebstahl (6x), Verstoß gegen das BtmG.

Diese Auflistung bedarf ebenfalls keiner weiteren Konstruktionen oder Aufladungen.

Leutner merkt gleichwohl an, dass „der ‚Versuch' Weidners, ein Persönlichkeitsprofil aggressiver Jungen und Männer [...] zu erstellen [...], durchaus bedenklich erscheint, [...] [da] durch besagtes Profil ein stigmatisierendes ‚Täterbild' erzeugt wird"[121]. Analog wird an anderer Stelle von einer „konstruierten Risikogruppe"[122] gesprochen. Diese Bedenken sind insofern nicht unbeachtet zu lassen, als dass von der mit dieser Klientel betrauten professionellen Seite gerade nicht dem Boulevard so-

---

[121] Leutner 2010, S. 43
[122] Emig 2010, S. 154

wie der dazugehörigen Presse ob einer in erster Linie schlagzeilen- und publikationstauglichen Ausdrucksweise gefolgt werden sollte – „die mediale Berichterstattung ist von einer deutlichen Tendenz zur Empörung und Dramatisierung gekennzeichnet und präsentiert regelmäßig überzeichnete Bilder von Gewaltexzessen und aus dem Ruder laufender ‚Horrorkids'"[123]–; allerdings sollten diese Bedenken ebenso wenig den Eindruck erwecken, als würden Täter sowie deren Tatbiografien grundlegend artifiziell begründet und gegründet.

Es ist ja nicht so, dass ein Trainingscurriculum konzipiert worden ist, um im Anschluss daran eine geeignete Klientel für das Konzept zu generieren, sondern weil es diese Klientel mit einem Hang zur Gewaltbereitschaft und Gewalttätigkeit gegeben hat und gibt, ist a postiori die Idee für ein geeignetes Angebot entstanden – das macht(e) durchaus Sinn.

Tendenziell unseriös nimmt sich hingegen die Behauptung Rödlers aus, der an anderer Stelle seines Artikels eine Erläuterung versucht, dass die Berechtigung für eine als >Konfrontative Pädagogik< bezeichnete Richtung allenfalls ein Begründungskonstrukt Weidners sei, indem dieser den Typus der jugendlichen Mehrfachstraftäter fokussiert, „die zwar nur 9% der abweichenden [...] Jugendlichen ausmachten, aber als Jugendkriminalitäts-Elite für 50% der Straftaten verantwortlich seien. Diese Jugendlichen ‚heißen in Hamburg Dennis, bringen in Mannheim Polizisten um, leben in Frankfurt in der Ahornstraße oder machen Greifswald unsicher' [...]. Diese Gruppe ist nach Weidner so klein, dass sie namentlich bekannt sind. Weidner konstruiert hier – ganz parallel zu den in der

[123] Liebsch 2012, S. 192

Regel berichtenden Medien [„Von Lichtgestalten und Dunkelmännern"[124]] – ein bis in den Namen personifiziertes Monster, dass sich alleine durch seine bedingungslose pädagogische Unerreichbarkeit auszeichnet"[125]. Mag man Rödler ob seiner Einwände gegen die boulevardeske Einfärbung der Beschreibung folgen – gibt es doch „Konjunkturen der öffentlichen Gewaltaufmerksamkeit"[126] –, so diskreditiert er seinen argumentativen Ansatz, da er Weidner unterstellt – und eben nur unterstellt! –, er konstruiere ein bis in den Namen personifiziertes Monster. Diese Unterstellung taugt nahezu nicht einmal mehr als Polemik – schlechtestenfalls lediglich mit Gültigkeit bezüglich der unter Punkt 2. erstgenannten Bedeutung des Wortes: „Polemik [...]: literarische od. wissenschaftliche Auseinandersetzung; wissenschaftlicher Meinungsstreit, literarische Fehde. 2. unsachlicher Angriff, scharfe Kritik"[127].

Manchmal mag es durchaus Argumentationsumstände geben, in denen mit Frechheit gepunktet und gewonnen werden kann – wenn allerdings außer der Frechheit nichts dahintersteht, lässt sich damit weder punkten noch ein Meinungsstreit gewinnen.

124 Hestermann 2012

125 Rödler 2005, S. 345

126 Liebsch 2012, S. 192

127 DUDEN 2011, S. 822

Korrekturbedürftiges III oder:

Ohne Respekt keine Konfrontation: „Sie haben uns Respekt gezeigt ...“

Mehrfach finden sich in der Literatur Hinweise, die tendenziös zu suggerieren versuchen, dass der praktischen Umsetzung des Anti-Aggressivitäts-Trainings ein geradezu verächtliches Menschenbild zugrunde liegt. Wird in der Praxis den vorgegebenen und oben genannten Qualitäts-Standards entsprochen, findet ein AAT mit der unterstellten Verächtlichkeit nicht statt – das sollte für alle Involvierten selbstverständlich sein – und zu den Involvierten zählen ebenso die langjährigen Kritikerinnen und Kritiker.

Im Übrigen hätten sich entsprechende Informationen dem als Aufhänger für die oben genannten Thesen – siehe *Korrekturbedürftiges I* – gewählten Beitrag explizit entnehmen lassen können, aus dem daher an dieser Stelle zitiert sei, dass vom AAT-Team tatsächlich verlangt wird, „den jugendlichen Gewalttäter nicht auf die begangenen Delikte zu reduzieren, die zur Teilnahme am AAT geführt haben. Es gilt zu berücksichtigen, dass die bisherige Lebensbiographie des Probanden mehr als jene deviant-delinquenten Aspekte bietet. [...]. ,Nicht voreingenommen urteilen‘ bedeutet in diesem Setting einen sachlichen Umgang mit den [...] Jugendlichen sine ira et studio. Was unter der Überschrift ,Respekt und Sympathie‘ subsumiert wird, darf mit angebrachtem Pathos in Schleicherts Worten formuliert werden: ,Eine humane Behandlung ist etwas, das den Menschen nicht erst aufgrund besonderer Verdienste zugebilligt werden darf; das ist der Sinn des Wortes Menschenrechte'[128]. Also: keiner der jugendlichen Probanden wird per se herabgewürdigt oder despektierlich behandelt, vielmehr wird von vornherein transparent gemacht: hier geht es um Tatkonfrontation, nicht um die Verunglimpfung Deiner Person"[129].

Demzufolge geht es also nicht darum, „den Jugendlichen zu ,überwältigen' oder gar seinen ,Willen zu brechen'"[130], wie mehrfach promulgiert, um weiterhin anzufügen, dass eben „dies die Verfechter des AAThS denken und praktizieren"[131] – nein: weder das eine noch das andere!

Um es anders zum Ausdruck zu bringen: Die praktische Erfahrung des Verfassers aus 79 Trainingskursen im Bereich AAT/CT steht diesen Unterstellungen entgegen, wird doch „unter ethischen Gesichtspunkten darauf [geachtet], dass die Menschenrechtsdimensionen eingehalten bleiben. Gerade bei biografisch gedemütigten, missachteten und psychisch verletzten jungen Menschen gilt es, deren Würde zu bewahren und sie in ihrer Person trotz harter Kritik wertzuschätzen und anzuerkennen"[132], oder um es lakonisch mit den Worten eines AAT-Teilnehmers pointiert zu ergänzen: *„[...] wissen Sie, das war auch so aufgebaut, dass man das Ganze respektvoll handhabt"*[133].

Interviewten AAT-Absolventen sowie AAT-Abbrecher geben in ihren Einlassungen zu verstehen, dass diesem

[128] Schleichert 1997, S. 59

[129] Schawohl 2001, S. 202 u. 204

[130] Plewig 2010, S. 160

[131] Plewig 2010, S. 160

[132] Kilb/Weidner 2013, S. 123

[133] Schawohl 2013, S. 89

Anspruch genügt worden ist, da sie ihre Einschätzungen hinsichtlich der TrainerInnen unter anderem wie folgt mitteilen[134]:

- „Ihr ward in Ordnung. Heftig manchmal aber auch irgendwie. [...]. Da macht dich keiner fertig, sondern die wollen dir helfen";
- „Das war auch so ein Punkt damals, den ich richtig gut fand so, dass Sie immer gesagt haben, wer was hat mit Job oder so, oder wer irgendwo Probleme hat mit Wohnung oder so was, dass wir dann auch sagen können, ob Sie uns dabei helfen können. Da waren ja auch immer mal so Sachen, die nicht immer nur so kriminell gewesen sind – das war auf jeden Fall gut";
- „Ja, ihr ward korrekt. Ihr habt gesagt, wir können auch mal kommen, wenn es woanders Probleme gibt – so mit Schule oder so oder mit Behörden oder Wohnung oder so. Und dann habt ihr auch nicht gleich gesagt: ‚Ne, darum kümmern wir uns nicht', sondern ihr habt uns dann auch dabei geholfen – das war gut. [Wobei hat Dir das zum Beispiel geholfen?] Als ich Stress mit meiner Wohnung hatte, ganz klar. Da habt ihr mir mit dem Brief geholfen und dann hat sich das geklärt. Oder nach dem Anruf bei dem Vermieter und nach dem Brief war das dann wieder im Lot, genau".

Es entsteht an keiner Stelle der Interviews der Eindruck, als wäre einer der Probanden unmenschlich behandelt worden. Auch die den Kommunikationsstil der TrainerInnen bewertenden Probanden sahen sich nicht nicht

---

[134] Schawohl 2009

respektiert[135] oder sich einer vorgeschriebenen „Mitwirkung an entwürdigenden Kommunikationssituationen
und erzwungene[n] Hinnahme von schlechter bis hin zu
gewaltsamer Behandlung"[136] ausgesetzt, wenn sie äußern:

- „Ich hab Ihnen ja schon mal gesagt, dass Sie irgendwie korrekt sind, obwohl Sie auch manchmal
  Schwein sein können (lacht), wenn Sie einen dann so
  fertig machen oder jedenfalls immer weitermachen
  und nicht locker lassen, wenn man nicht weiter weiß
  oder immer versucht, irgendwas zu erklären, was
  ja dann gar nicht so richtig stimmt. Mit Ihnen
  war das aber immer in Ordnung so [...]".

Oder:

- „Sie haben das gut gemacht, auf jeden Fall [...]. Ja, Sie
  waren irgendwie geheimnisvoll. [...]. Sie haben immer noch ein Ass im Ärmel. Sie spielen uns mit Ihrem Gehirn aus".

Dieses Ass im Ärmel und das Ausspielen mit dem Gehirn
lassen sich fachlich so ergänzen: „Neben allen methodisch-rationalen Vorgehensweisen bleibt die Intuition des
[Trainers] ein mitentscheidender Faktor für den [Trainings]erfolg"[137].

Die gelingende Konfrontation provoziert prosoziales Verhalten und diese Intention findet bei den Klienten Anerkennung und Zustimmung[138]. Demnach sollte nicht Indif

---

[135] Schawohl 2009; vgl. Schawohl 2012, S. 70 ff.

[136] Rzepka 2005, S. 383

[137] Ansen 2011, S. 19

[138] vgl. Schawohl 2009

ferenz der Tenor sozialpädagogischen Handelns sein, da Permissivität zum Agieren ohne Berücksichtigung und Einhaltung von Normen verleiten kann. Eine gezielte Konfrontation, die einer Realitätsprüfung standhält, muss beim sozialpädagogischen Personal keineswegs eine dahingehende Befürchtung wecken, den Bezug zur Klientel zur verlieren. Diese Befürchtung ist insofern brisant, da die bewusst verzeihenden SozialpädagogInnen/-arbeiterInnen dazu tendieren, „in einer Art und Weise auf antisoziales Verhalten zu reagieren, die dazu beiträgt, dass es aufrechterhalten wird"[139]; das sollte weder im probandenindividuellen noch im gesellschaftlichen Interesse liegen. „Ich bin jetzt 22", so Ronnie, „da muss ich allmählich mal was anderes draufhaben, als immer nur zuzuschlagen. Das passt irgendwann nicht mehr. Irgendwann muss ich den Mund mal aufkriegen", wird der Versuch einer Abkehr von gewaltaffinen Verhaltensweisen formuliert und gleichsam implizit der Auftrag an die AAT-Professionellen ausgesprochen, unterstützende Gegenwirkung anzubieten. Kilb konstatiert gar eine eventuelle Förderung realitätsfremder biografischer Entwicklungen, wenn insbesondere in der sozialpädagogischen Arbeit mit schwierigen Einzelnen und/oder Gruppen anbiederndes und meist auf eigenen Ängsten aufbauendes Verständnis für extreme Regelverletzungen aufgebracht wird; daher propagiert er ein handlungsbezogenes Verhaltensinventar mit einer möglichst großen Breite im Spektrum zwischen Akzeptanz und Verhaltensverstärkung einerseits sowie Kritik, Konfrontations- und in extremen Situationen auch Verurteilungs- und sogar Ablehnungsvermögen des Kli-

[139] Bandura 1979, S. 115

entenverhaltens – dabei wären für den konfrontierenden Pol „folgende pädagogische Haltungen (Stile) und Techniken relevant:

- die Verhaltensspiegelung in der Einzelfallarbeit [...] (etwa mit Tätern) [...] z. B. in Form des Rollenspiels: Verhaltenskonfrontation in einer Gruppe oder auf dem ‚heißen Stuhl';
- die Konfrontation als Level in oder als Glied/Stufe einer verhaltensbezogenen Reaktionskette in der pädagogischen Beziehung bei Regelverletzungen [...];
- die personale Konfrontation mit einer geschädigten Einzelperson oder Gruppe mit dem Ziel, erlittenes Opferleid nachempfinden und/oder ausgleichen zu können;
- die intrapersonale Konfrontation mit sich selbst in therapeutischen Prozessen [...];
- die interpersonale Konfrontation als Gegenüberstellung unterschiedlicher Interessen und Konfliktverständnisse in Streitschlichtungen [...];
- die provokative Konfrontation als Training (Desensibilisierung)"[140].

Von den pädagogischen Praktikern ist für die Umsetzung Vertrauen in die eigene Autorität erforderlich sowie das Sich-Trauen, diese Autorität in der face-to-face-Begegnung mit der Klientel einzu- und durchzusetzen. Dieses Vertrauen sollte auf dem eigenen Zutrauen in sowie dem Wissen um eine fundiert-professionelle Kompetenz basieren. Weiterführend ist die Beachtung der Dudendefinition, da der Begriff Autorität wie folgt erklärt wird:

[140] Kilb 2011, S. 73

„1. [...] auf Leistung od. Tradition beruhender maßgebender Einfluss einer Person od. Institution u. das daraus erwachsende Ansehen.

2. einflussreiche, maßgebende Persönlichkeit von hohem [fachlichem] Ansehen"[141].

Da den Professionellen aufgrund eines Studiums und/ oder weiterführender qualifizierender Ausbildungen der Nachweis erbrachter Leistungen möglich und ob eines gelungenen Theorie-Praxis-Transfers das fachliche Ansehen erworben sein sollte, gilt es, exakt diese Leistung und dieses Ansehen selbstbewusst in die Zusammenarbeit mit den AAT-Teilnehmern in deren Interesse einzubringen. Erinnert sei hier an Rousseaus im Jahre 1762 veröffentlichtes Werk *Émile ou de l' education*, da er die Erfahrung der Älteren als jene Autorität bezeichnet, die den Jüngeren leiten muss, denn: „Was uns bei der Geburt fehlt und was wir als Erwachsene brauchen, das gibt uns die Erziehung"[142]. Die TrainerInnen stehen somit in der Verantwortung gegenüber den AAT-Probanden. Die Übernahme dieser Verantwortung impliziert zwangsläufig manche Konfrontation – Konfrontationen mit gewaltbereiten jungen Menschen, die, drastisch formulierend und Verbalinjurien aussprechend, ihre Forderungen, Erwartungen und Interessen durchzusetzen versuchen, testend, ob zuvor nach Absprache aufgestellte Regeln seitens des autoritären Gegenübers zur Einhaltung gemahnt werden; und nichts spricht gegen Regeln sowie deren Einhaltung und die Einforderung der Einhaltung, soweit diese Regeln nachvollziehbar und orientierungsgebend sind. Wird diesem Verständnis gefolgt,

141 DUDEN 2011, S. 131 f.

142 Rousseau 1998, S. 168

sind die Professionellen eines AAT-Teams gleichsam Lernhelfer, und zwar solche, „die ihr Handwerk planmäßig und zielorientiert auszuüben verstehen. Sie sind Menschen, von und mit denen man etwas lernen kann: Sie wissen oder können etwas, was andere nicht wissen oder können, und sie sind in der Lage, mit diesen anderen eine produktive Lerngemeinschaft einzugehen; beides zusammen macht den Kern pädagogischen Handelns aus"[143].

Die für den Teilnehmer gebotene sowie zugesagte Verlässlichkeit hinsichtlich der ihm gegenüber eingenommenen Haltung und die zur Verfügung stehenden Stile unterschiedlicher Konfrontationen – personal, intrapersonal, interpersonal, provokativ – generieren jene Belastbarkeit der pädagogischen Beziehung, die für den zeitlich begrenzten Rahmen eines Anti-Aggressivitäts-Trainings perspektivische Biografieerweiterungen ermöglicht. Das bedeutet für das AAT-Team: Es darf kein Solidarisierungsangebot im Sinne eines Konfliktvermeidungsbündnisses erfolgen; vielmehr ist ein Konfrontationsbündnis angesagt, um einer permissiven Tendenz jegliche Basis zu entziehen. Ohne Expertentum, also ohne ein „ausgewiesenes, gesellschaftlich anerkanntes und benütztes Spezialwissen, eine Position, die von der der Laien deutlich und bewusst abgehoben ist"[144], kann eine professionelle Praxisumsetzung nicht gelingen, denn „Sozialarbeit muss den Alltag (der Betroffenen) konfrontieren mit den Möglichkeiten der Interpretation, die über das Alltagswissen hinausgehen; (dieser Alltag) muss hinsicht-

[143] Giesecke 1996, S. 395

[144] Thiersch 1986, S. 241

lich besserer Möglichkeiten kritisiert werden können"[145], um dadurch den jungen Menschen Alternativen zu bisherigen Verhaltensweisen aufzuzeigen und prosoziale Handlungsstrategien erlernbar werden zu lassen, denn der Mensch muss als „ ,Werdewesen' nicht immer schon fertig und perfekt sein, sondern darf unterwegs sein"[146]. Das verlangt von den Fachkräften, „eine gelungene Balance zwischen zu verstehenden Hintergrundkontexten und fordernden, infragestellenden, zuweilen auch konfrontativ-verurteilenden Verhaltenssequenzen herstellen [zu können]"[147]. Exakt mit diesem Anspruch treten die Probanden den Professionellen gegenüber – seinen Anspruch und die damit einhergehende Erwartung benennt ein AAT-Absolvent dahingehend, dass er auf die Erfahrung des Verfassers vertraut hat, die dieser besitzt für den Umgang und die Auseinandersetzung „mit Jugendlichen oder mit Straftaten [...], und das war schon wichtig, wie Sie darüber denken, weil Sie haben doch ein wenig mehr Ahnung wie ich. [...]. Sie haben mir viel gesagt, wie das richtig gemacht wird [...] – wie man einen Weg gehen kann und jetzt weiß ich genau, was ich für eine Scheiße gebaut hab und wie ich jetzt gehen muss. [...]. Also, nach den Sitzungen abends, wenn ich zu Hause gewesen bin, dann hab ich schon noch oft darüber nachgedacht, was wir da gemacht haben, oder auch wenn andere jetzt was gesagt haben, was sie sich vorgenommen haben, hab ich auch darüber nachgedacht, ob das überhaupt realistisch

---

[145] Thiersch 1986, S. 252

[146] Brantschen 2005, S. 31

[147] Kilb/Weidner 2001, S. 176

wäre für die. Oder auch bei mir hab ich darüber nachgedacht, was kannst Du denn noch ändern bei Dir?"[148].

Eine weitere Einlassung bezieht sich bei der Kursreflexion auf die anerkannte Kompetenz: „Sie sind für diesen Job echt geboren, Sie machen das echt gut.

Sie wissen, wovon Sie reden, und das ist der einzige Grund, warum Sie so reden können mit uns – also reden dürfen, ohne dass wir sagen, dass interessiert uns sowieso nicht"[149]. Implizit wird zum Ausdruck gebracht, dass Glaubwürdigkeit und Autorität miteinander korrespondieren. Des Weiteren impliziert diese Sentenz der Kursreflexion, dass „den Arbeitszielen [...] unbedingt eine grundsätzliche Orientierung am Prinzip der Anerkennung [übergeordnet ist]"[150].

Die Trainingsteilnahme soll unter anderem eine Möglichkeit begünstigen, individuell-bedeutsame Themen erkennen und ansprechen zu können, gleichsam einer „Diskussion über Möglichkeiten und Unmöglichkeiten"[151] für die jeweiligen jungen Biografien, um somit einen perspektivischen Nutzen zu generieren und um ein legal-legitimierbares Entwicklungspotential zu wecken sowie zu beeinflussen, um Voraussetzungen zu schaffen, „dass der junge Mensch sich zukünftig gesetzeskonform verhalten kann. Es wird unterstellt, dass der junge Mensch mit der ‚Welt', nicht nur mit dem eigenen Milieu auskommen will"[152].

---

148 Schawohl 2013, S. 154

149 Schawohl 2013, S. 36

150 Kilb/Weidner 2013, S. 92

151 Lenz 2012, S. 87

152 Colla 2007, S. 44

Der theoretisch begründete Beziehungsaspekt im Kontext der Konfrontativen Pädagogik[153] findet seine in der Praxis gelungene Umsetzung, da ein AAT-Absolvent abschließend reflektiert, dass er „ja auch wusste, dass Sie uns, ja, wie soll ich sagen, dass Sie uns, ja, weiß nicht, also nicht jetzt, dass Sie uns nun mögen für das, was wir alles gemacht haben so, aber auf jeden Fall wussten wir ja, dass Sie uns doch irgendwie ok finden und auch respektieren – genau, und deshalb war das fair: Sie haben uns Respekt gezeigt und Sie haben auch so konfrontiert mit den Straftaten, das war ok, wenn Sie wissen, was ich meine"[154] – dem Verständigen zumindest mag es genügen.

Es kann resümiert werden: „Konfrontatives Arbeiten stellt damit eine Erweiterung des pädagogischen Handlungsspektrums dar"[155].

---

[153] vgl. ausführlich Schawohl 2009; ders. 2011; ders. 2012; ders. 2013
[154] Schawohl 2009, S. 19
[155] Kilb/Weidner 2013, S. 122

Korrekturbedürftiges IV oder:

Despektierlichkeiten, die verwundern: „ ... eigentlich ist das fair...“

Das vorab erwähnte juristische Procedere bedeutet für die jungen Menschen in der Regel die Kontaktierung diverser sozialpädagogisch agierender Institutionen und der dort tätigen Personen. Der Erstkontakt zum AAT-Team ist demzufolge also nicht etwa zugleich der Einstieg in die ,institutionelle Karriere' für die Probanden. Patrick (18 Jahre) zählt die ihn vor seiner Teilnahme am Anti-Aggressivitäts-Training ab seinem vierzehnten Lebensjahr im Rahmen der Jugendhilfe sowie der Jugendgerichtsbarkeit kontaktierenden Personen wie folgt auf:

- fallzuständige Fachkraft des Jugendamtes;
- ambulanter Betreuer;
- Wechsel der ambulanten Betreuungsperson;
- Gesprächstherapeut;
- Jugendbeauftragter der Polizei;
- Bedienstete des Jugendstrafvollzuges;
- Jugendrichter;
- Staatsanwaltschaft;
- Jugendgerichtshelferin;
- Jugendbewährungshelferin;
- Mitarbeiter eines sozialen Trainingskurses;
- weitere ambulante Betreuung;
- Mitarbeiterin der Schuldnerberatung;
- Betreuungsperson im Rahmen der Erfüllung von Arbeitsleistungen;
- Betreuer im Rahmen einer beruflichen Vorbereitungsmaßnahme.

Somit werden in der Summe fünfzehn Institutionen respektive die dort arbeitenden Personen benannt, die sich mit diesem Jugendlichen beschäftigt haben, ehe das AAT-Team in diesen Prozess involviert worden ist.

Unter Berücksichtigung der justitiellen Befasstheit mit diesem 18-Jährigen sowie der ihn kontaktierenden Personen und Institutionen lässt sich der in diesem Zusammenhang geäußerte Einwand nach der ‚Erforderlichkeit'[156] eher nicht in Frage stellen – vielmehr kann hier die Teilnahme am Training wohl durchaus als erforderlich und darüber hinaus als angemessen betrachtet werden, gleichsam einer ultima-ratio-Entscheidung.

Mit Blick auf den involvierten Personenkreis, der mit dafür verantwortlich zeichnet, ob und dass eine AAT-Teilnahme initiiert und absolviert wird (wobei sich die Qualifikation der Fachkräfte pauschalisierend despektierlich in Frage stellen lässt: „Die Verbreitung von AAT und CT hängt damit zusammen, dass eine berufsbegleitende Fortbildung genügt, um sich als Trainer zu qualifizieren"[157]), ist die Formulierung „in aller Regel werden Gruppen im ambulanten und stationären Bereich nicht nach theoretisch hinreichend plausiblen Gesichtspunkten, sondern nach pragmatischer Zufälligkeit – von dafür nicht oder nur dürftig fachlich Qualifizierten – zusammengestellt"[158] weder halt- noch hinnehmbar. Zunächst sei mit aller Banalität festgestellt, dass eine jeweilige Gruppe sich immer nur aus dem Kreis der Personen zusammenstellen lässt, der für ein solches Angebot angemeldet worden ist; mit diesen Personen sind dann vor

[156] vgl. Plewig 2010, S. 163

[157] Scherr 2002, S. 307

[158] Plewig 2010, S. 162

76

Trainingsbeginn obligat die bereits erwähnten Vorgespräche zu führen, um eine Geeignetheit überprüfen zu können – dass hinsichtlich der Anmeldungen das Phänomen pragmatischer Zufälligkeiten von vornherein einbezogen ist, bedarf doch gar keiner expliziten Erwähnung und schon gar nicht taugt diese Feststellung dazu, für die damit Befassten einen Vorwurf konstruieren zu wollen.

Die zudem pauschal ausgesprochene Abqualifizierung der fallzuständigen Fachkräfte der Bereiche Justiz sowie Jugendhilfe (siehe oben) erfordert schon eine gehörige Portion anmaßender Respekt- und Taktlosigkeit, die mehr über den diese Abqualifizierung Aussprechenden als über die Angesprochenen aussagt. „Es gehört zur Professionalität", so der selbe Ignorant, „Vorurteile, Affekte, Vorbehalte, Antipathien usw. im Zaume zu halten"[159]dem ist zuzustimmen, oder um es mit Thomas Mann zu sagen: „Die Dummheit hat verschiedene Formen, und die gescheite ist nicht die beste unter ihnen"[160].

Bemerkenswert ist zudem, dass, da seitens einiger Kritikerinnen sowie Kritiker sowohl juristischer als auch akademisch-dialektischer Fachverstand vermutet werden kann, die Prämisse einer Einzelfallbetrachtung bekannt sein und anderweitig auch zur Anwendung gelangen dürfte – weshalb diese als unabdingbare Voraussetzung zu betrachtende Vorgabe hier keinerlei Beachtung findet, mag bestenfalls Anlass für Spekulationen bieten.

Gleichwohl kann mit Blick auf die hier fokussierte Klientel Mollenhauers Anmerkung nicht falsifiziert werden, die da lautet: „Auch die Welt des Kindes ist inzwischen

---

[159] Plewig 2010, S. 164
[160] Buhr 1990, S. 36

professionalisiert, von einer Fülle von Experten bevölkert. Unsere Beziehung zu Kindern – so scheint es – wird dadurch nicht notwendig besser, eher vielleicht problematischer"[161]. An anderer Stelle wird darauf hingewiesen, „dass das Weiterreichen von jungen Menschen, die deutlich spüren, dass sie niemand wirklich haben will, sie meist noch ‚*schwieriger*' macht! Weniger bekannt dürfte das ‚institutionelle Aufmerksamkeits-Defizit-Syndrom' sein, also die ‚*konsequente Ignoranz*' der Bedürfnisse der Jugendlichen, bis diese ‚*von sich aus*' das System meiden"[162]. Es kommt daher vor, dass ein Kursteilnehmer der Maßnahme und den TrainerInnen mit Ablehnung, Gleichgültigkeit oder Befremden begegnet, denn „Sozialarbeit und ihre Institutionen werden mehr als Kontrolleure denn als Helfer wahrgenommen. Dies geschieht weitgehend ohne persönlichen Vorwurf und kennzeichnet den Realitätsbezug der Probanden"[163], ist doch „zumeist bei Jugendlichen mit primärem Misstrauen gegenüber Erwachsenen zu rechnen, zumal gegenüber Personen, die sich professionell mit ihren Problemen befassen wollen"[164].

So gab ein achtzehnjähriger Teilnehmer seine Bedenken in der ersten Trainingssitzung an, er „war letzte Woche gerade bei meiner Bewährungshelferin – die hat genauso geredet wie Sie. Das ist doch sowieso überall dasselbe", so dass ein gelingendes Arbeitsbündnis in der Tat erarbeitet werden muss – in manchen Fällen ist Widerstand der Klientel vorhanden, denn „das bedingungslose Vertrauen

161 Mollenhauer 2000, S. 74

162 Permien 2013, S. 190

163 Maelicke 1988, S. 93

164 Streeck 2012, S. 59

in die Selbstveränderungsbereitschaft der Jugendlichen mutet heute relativ naiv an. Es stellt sich als eine ziemlich absurde und mutlose pädagogische Haltung dar, die sich rein strukturell nur schwer von der einer ,emotionalen Komplizenschaft' unterscheiden lässt"[165]. Eine solche emotionale Komplizenschaft versteht der Verfasser als euphemistisches Darüber-Hinwegsehen hinsichtlich erfolgter Straftaten, gleichsam ein inakzeptables Unterstützungsangebot für eine Gewalt propagierende Devianz- und Delinquenzkultur. Permissivität kann diesbezüglich nicht zukunftsweisend sein, vielmehr soll vermieden werden, dass die Probanden sich in einer überwiegend deviant-delinquenten Parallelwirklichkeit verfangen, die sie zu Experten dieses ihres gewaltimmanenten Milieus werden lässt, ohne dabei perspektivischen Nutzen zu generieren – „die Bereinigung des Verhältnisses zur Zukunft"[166] sollte angegangen werden, um diese planend gestalten zu können. Nichts spricht dagegen, dass diejenigen, die sich zum Leben in dieser Gesellschaft entschließen, die von der Gesellschaft als verbindlich akzeptierten Grundsätze einhalten. Dazu zählt zweifelsfrei die Wahrung der körperlichen Unversehrtheit anderer Menschen. Es gilt den jungen Menschen gegenüber Folgendes deutlich werden zu lassen: „Wir nehmen nicht nur die Regeln ernst [und diejenigen, die diese missachten; Anm. d. Verf.], sondern reagieren auch bei deren Verletzung. Wir schließen dich nicht aus, sondern im Gegenteil: wir versuchen mit dir zusammen Möglichkeiten zur Re-Integration zu finden"[167]; die Botschaft lautet: „Du wirst

---

[165] Kilb 2011, S. 79

[166] Bollnow 2000, S. 205

[167] Kilb 2011, S. 32

nicht abgelehnt, sondern wir suchen mit dir Wege, daß du wieder zu dir kommst und die Chance erhälst, trotz der Tat, eine gute biografische Perspektive zu entwickeln"[168], um zukünftig eine gelingende Legalbewährung zu begünstigen[169]. Dabei folgt der Verfasser ausdrücklich der Ansicht, dass der Rechtsstaat versucht sein sollte, „den notwendigen Rechtsgüterschutz mit möglichst wenig Strafen durchzusetzen, Strafen als Ultima Ratio einzusetzen"[170], um zugleich zu betonen, dass ein solcher Ultima-Ratio-Einsatz eben auch der Durchsetzung von Rechtssicherheit dient und somit erforderlich ist – „Strafrecht kann [...] ein weithin sichtbares Muster für einen menschenrechtsfreundlichen Umgang mit abweichendem Verhalten sein"[171], muss angenommen werden können.

Die Konfrontative Pädagogik unterscheidet sich „deutlich von früheren autoritären Orientierungs- und Sanktionierungssystemen, denn sie fokussiert eine gezielte Konfrontation lediglich im sozialpädagogischen Prozess einer Tatbearbeitung oder einer groben Regelverletzung; sie wird nicht eingesetzt, um im Sinne einer Strafe zu wirken"[172].

Die nachfolgende Interview-Passage verdeutlicht beispielhaft die Sicht eines jungen Heranwachsenden, der das AAT absolviert hat:

---

168 Böhnisch 1999, S. 213

169 vgl. Kurzberg 2009, S. 101 ff.

170 Ostendorf 2012, S. 245

171 Hassemer 2009, S. 114

172 Kilb/Weidner 2013, S. 86

„Das war eine gute Zusammenarbeit, sag ich mal so.

[Was verstehst Du unter ‚guter Zusammenarbeit'?]

Gute Zusammenarbeit, also: Mich schon hochzubringen, aber nicht zu hoch, wo Sie wissen, wo eine Grenze ist. Sie haben das nicht übertrieben. Wo Sie schon wissen, ok, da ist ein bisschen da, und die anderen haben das auch so gemacht; also die anderen, die da saßen, die haben nicht so übertrieben, also einfach wissen, wo eine Grenze ist. Und wenn jemand keine Ahnung hat, der macht so was nicht, so, dass die Leute durchdrehen und sagt ich breche das hier ab und will das nicht mehr.

[Kannst Du Dich noch daran erinnern, als wir uns das erste Mal begegnet sind bei dem Vorgespräch und anschließend an das erste Treffen mit der ganzen Gruppe – welchen Eindruck hattest Du da?]

Ich hatte gedacht, mal auf mich zukommen lassen, was für eine Person Sie sind.

[Und welchen Eindruck hattest Du da?]

Ja, ok. Sie nehmen kein Blatt vor den Mund. Ja, und wenn, Sie haben am Anfang erzählt, was los ist, und wenn es irgendwo Probleme gab, dann haben Sie gesagt, was wir sollen und was Sie wollen und wir haben das alle verstanden. Sie haben die Karten auf den Tisch gelegt.

[Offenheit.]

Offenheit.

[Fair?]

Nicht immer, nicht immer.

[Zum Beispiel?]

Zum Beispiel mit unserer Tat. Wenn Sie uns mit unserer Tat, wenn Sie auf uns zukamen mit dieser Frage, dann haben

Sie immer ein bisschen weiter gestichelt, und Sie wussten ja eigentlich, was die Antwort schon war, und wir wollten das ja eigentlich nicht sagen, aber trotzdem wollten Sie mit uns immer weiter, immer weiter, bis wir das sagen mussten so, und Sie haben nicht gesagt, dass wir das jetzt sagen sollten, sondern immer Stück für Stück haben Sie das so angedeutet, dass das jetzt raus muss, dass wir in einer Ecke sind, wo wir gar nicht mehr rauskommen.

[Was ist daran unfair?]

Was unfair ist daran, dass Sie gesehen haben, dass es uns nicht gut ging in der Situation auf einmal, dass wir eigentlich am liebsten alle abgebrochen hätten oder ich zumindest – ich sag nicht alle, ich spreche ja von mir, und ich hab ja nicht abgebrochen, ich hab das durchgezogen.

[Warum?]

Weil ich, weil ich mir selber zeigen, ich wollte Biss zeigen für mich selber, dass ich das durchziehe. Darum hab ich das einfach mitgemacht und, ja, ich war auch ganz schön nass (lacht).

[Du weißt, Du hättest ‚Stopp' sagen können.]

Natürlich.

[Hast Du allerdings nicht.]

Ne.

[Du hast die Chance gehabt, für Dich zu gucken, wo Deine Grenzen sind. Das ist ja auch fast schon wieder fair, oder?]

Äh, jein (lacht). Aber Sie haben Recht, eigentlich ist das fair, weil ich ja auch wusste, dass Sie uns, ja, wie soll ich sagen, dass Sie uns, ja, weiß nicht, also nicht jetzt, dass Sie uns nun mögen für das, was wir alles gemacht haben so, aber auf jeden Fall wussten wir ja, dass Sie uns doch irgendwie ok fin-

*den und auch respektieren – genau, und deshalb war das fair:
Sie haben uns Respekt gezeigt und Sie haben auch so konfrontiert mit den Straftaten, das war ok, wenn Sie wissen,
was ich meine.*

[Ich habe Dich verstanden, ja.]

Gut so (lacht)"[173].

Es kann festgehalten werden: Eine solche respektvolle
Konfrontation, die Möglichkeit einer perspektivischen
Biografiebereicherung, die Erfahrung einer durch eigenes
sanktionierungswürdiges Zutun herbeigeführten Konsequenz, die Teilnahme an einer Maßnahme, die integrative
gesellschaftliche Aspekte generieren kann[174] – das haben
die jungen Menschen durchaus verdient.

Aus Sicht eines Jugendrichters lässt sich das so formulieren: „Das Jugendstrafrecht ist in erster Linie eben
keine reines Strafrecht, sondern ein Erziehungsrecht. Und
genauso, wie Eltern ihre Kinder nur mit einer Mischung
aus ganz viel Liebe und auch Klarheit und Konsequenz
erziehen können, müssen auch Jugendliche, die mit dem
Gesetz in Konflikt kommen, sowohl Zuwendung als
auch Konsequenz und Klarheit zu spüren bekommen"[175].

Diese Intention verstehen auch junge Menschen und können ihr durchaus folgen, wie dem obigen Beispiel entnommen werden kann; zudem hat diese Intention sehr
viel mit Respekt zu tun – und auch dieser Respekt sollte

---

[173] Schawohl 2009, S. 18 f.

[174] vgl. Schawohl 2009

[175] Müller 2013, S. 237

den Jugendlichen und jungen Heranwachsenden nicht
verwehrt werden.

Korrekturbedürftiges V oder:

Beziehung verlangt Respekt; Respekt ermöglicht Beziehung ermöglicht Konfrontation: „Respekt ist keine Einbahnstraße"

Von Despektierlichkeiten oder einer schlechten Beziehung lässt sich den bisherigen Passagen nicht unbedingt etwas entnehmen. Wenn gleichwohl angemerkt wird, dass einfache Selbstauskünfte eines Klienten „vor dem Hintergrund der in solch intensiven Situationen stattfindenden Identifikationsprozesse zumindest fragwürdig"[176] sind, und zudem – wie weiter oben bereits angemerkt – den Professionellen ebenso nicht zugestanden wird, angemessen über das Anti-Aggressivitäts-Training Auskunft erteilen zu wollen oder zu können, wird eine dialektische Betrachtung geradezu verunmöglicht. Umso mehr Erstaunen ruft es dann hervor, dass einer der Kritiker selbst sich darauf beruft, ihm sei die dichotomische Deutung der konfrontativen Pädagogik dadurch verständlich geworden, dass diese Dichotomie bei Studierenden *hängen geblieben* sei, „wie ich an vielen ihrer Aussagen in Sprechstunden nach einem [Hervorhebung durch den Verfasser; Anm. d. Verf.] Seminar [...] feststellen konnte"[177]. Indem die Seriosität anderer Quellen desavouiert und die der eigenen überbetont wird, kann wohl ein Standpunkt manifestiert werden, allerdings taugt das wenig für eine sachliche Auseinandersetzung, wenn diese denn ernsthaft versucht und gesucht werden soll.

[176] Rödler 2005, S. 349
[177] Rödler 2005, S. 344

Ähnlich positioniert sich Becker, der seine *Bemerkung zur so genannten >Konfrontativen Pädagogik<* introduziert, indem er meint, einen generalistischen Unterton vernehmen zu können, mit dem etwas ganz Neues und Besseres angekündigt würde: „Das Neuere und das Bessere bezöge sich auf besonders schwierige Kinder und Jugendliche, die niemand richtig erziehen bzw. therapieren könnte. Pädagogen [,] die in Weiterbildungen für konfrontative Pädagogik gehen, begegnete ich in diesem Jahr insgesamt 7 Mal und bekam wiederholt zu hören, sie fühlten sich so schlecht behandelt, gedemütigt, ‚fertig gemacht‘ und offenbar müssten sie auf diese Weise hart gemacht werden, damit sie mit konfrontativer Pädagogik arbeiten könnten. Im Weiteren vernehme ich, dass es um Kinder und Jugendliche geht, die entsetzlich resistent sind und extreme Widerstände gegen jegliche Hilfe hätten, weshalb man schon etwas unternehmen müsste, deren Willen brechen, ehe man ihn neu aufrichten würde. Das, was hart an der Unternehmung sei, würde irgendwann mit soviel Güte pur gekoppelt werden, dass es bei dem schalen Geschmack einer ausschließlich sadistischen Aktion nicht bliebe"[178]. Des Weiteren weiß Becker von einer „folternden Pädagogik"[179] zu berichten, die im Gewand von scheinwissenschaftlichen Rationalisierungen den Versuch unternehme, „schwarze Pädagogik neu einzurichten"[180], oder es gelte „zu analysieren, was die gesellschaftlichen Bedingungen für Verfahren sind, die zweifellos auch Elemente klassischen Psycho‘Terrors‘ enthalten[:] Zu denken ist hier an den einschlägigen heißen Stuhl aber

[178] Becker 2005, S. 339

[179] Becker 2005, S. 339

[180] Becker 2005, S. 339

auch daran, dass Teilnehmer am AAT mit erheblichem Nachdruck veranlasst werden, sich etwa in einen Sarg zu legen und von dort aus zu schildern, was das Opfer ihrer Tat gefühlt hat"[181] und in dem selben Duktus wird an anderer Stelle konstatiert, „Jugendliche, die auf dem ‚heißen Stuhl' psychisch zusammenbrechen sind längst kein Tabu mehr"[182]. Wenn nunmehr jemand solche Eindrücke insgesamt sieben Begegnungen und anderen Quellen entnommen haben mag, ließe sich vermuten, die Recherche sei zumindest einseitig verlaufen. Wird Schwarze Pädagogik so verstanden, dass damit jene Aspekte zusammengefasst sind, die einem humanen Erziehungsgedanken widersprechen, weil es eher um Ratschläge geht, „wie die *Macht* gegenüber Kindern hergestellt werden kann, wie Kinder in *Gehorsam und Respekt* gehalten, *gelenkt* und *überwacht* werden können"[183], dann kann der Verfasser die obigen Auslegungen nicht nachvollziehen. Vor allem, da Becker an anderer Stelle darauf hinweist, dass jemand „Konfrontationen mit unangenehmen Wahrheiten nur zulassen kann, wenn das Gegenüber ihm grundsätzlich genügend Wertschätzung entgegen bringt"[184].

Sapienti sat!

Denn das bedürfte in der Tat keiner weiteren Erklärung. Gleichwohl lässt sich ob der drastischen Darlegung Beckers zumindest nicht darauf verzichten, die von ihm genannte Voraussetzung für eine Konfrontation zu bestätigen, um damit zugleich einen weiteren Vorwurf von

---

[181] Scherr 2002, S. 309

[182] von Stechow 2010, S. 136

[183] Flitner 2004, S. 17

[184] Becker 2005, S. 340

ihm zu entkräften, da er eine Konjunktur für konfrontative Pädagogik damit begründet, „dass die Rachegelüste und insbesondere die Neigung zur Vergeltung und zur Einschüchterung in der Gesamtgesellschaft"[185] virulent seien und induktiv dadurch eine Begründbarkeit für die Konfrontation im Rahmen des Anti-Aggressivitäts-Trainings abzuleiten wäre. Dem ist nicht so.

Vielmehr gilt: „Ziel der Maßnahme muss es immer bleiben, nicht den Menschen an sich verändern zu wollen, sondern ihm eine lebbarere Zukunft zu ermöglichen (Thiersch 2005). Zuletzt gelten natürlich noch der Gleichheitsgrundsatz in der Behandlung von Klienten und der Ausschluss persönlich-revanchistischer Übertragungen der Pädagogen auf den Klienten"[186].

Unter anderem vor diesem Hintergrund erweist sich eine berufsbegleitende Zusatzqualifikation durchaus als sinnvoll.

Als unsachlich-schärfer ist die Unterstellung zu bewerten, die TrainerInnen entzögen sich einer selbstkritischen Betrachtung, „unter welchen Umständen sie als Trainer überhaupt eine Interventionsberechtigung erlangen könnten. Im Gegenteil, ihre öffentlichen Bekundungen und praktischen Handlungen sind geprägt von einer gering schätzenden Meinung von ihrer Klientel. Sie erscheint als intellektuell schlicht, emotional reduziert und moralisch zurückgeblieben"[187] – das ist zumindest hinsichtlich des zugrundeliegenden Argumentationsgehaltes von intellektueller Schlichtheit, gleichsam unzutref-

[185] Becker 2005, S. 340
[186] Kilb/Weidner 2013, S. 124
[187] Plewig 2010, S. 437

88

fend. Vielmehr bleibt die Würde der Person, die Gleichwertigkeit der Gesprächspartner im Diskurs gewahrt. Die gelungene Umsetzung beschreibt ein Absolvent des AATs in einem Interview mit den Worten, dass „es zum größten Teil Spaß gemacht hat, muss ich ehrlich sagen. Ihr habt schon echt einen Draht gehabt, wenn ihr mit uns geredet habt. Korrekt eben. [...] Ja, wenn wir da alle gesessen haben und unsere Stories erzählt haben und ihr dann immer klar gemacht habt, dass das alles auch immer noch weiter geht und nicht immer so komisch ist, wenn andere fertig gemacht werden, nur weil man selber da so Bock drauf hat. Ihr ward hart, aber fair, kann man sagen. [...] Hart, wenn ihr mit uns geredet habt – so die Kon-fron-ta-tion oder wie das heißt, und fair, dass ihr eben doch nie, ja nie unfair ward eben, also ihr habt nie jemanden beleidigt oder nur fertig gemacht, das war fair. War hart, aber fair. [...] Respekt – das ist es, genau. Und was haben Sie noch immer gesagt: ‚Respekt ist keine Einbahnstraße‘"[188].

Einhergehend mit einem angemessenen konfrontierenden Verhalten erlebt die junge Klientel, die zum einen in besonderem Maße in Krisen- sowie Grenzsituationen gerät und zum anderen nicht selten nur begrenzt über verlässliche Beziehungserfahrungen verfügt, „wohlwollende, verständnisvolle und zugleich konturierte Bezugspersonen, die sich ihnen in der Beziehung stellen"[189]. Eine unmissverständliche Positionierung um einer richtungweisenden Orientierung willen ist somit seitens der Trainerinnen und Trainer unbedingte Voraussetzung; der Generationenvertrag wird dadurch nach unten „als Ver-

---

[188] Schawohl 2013, S. 135
[189] Ahrbeck 2004, S. 75 f.

pflichtung zur Vorleistung verantwortlicher Enkulturation der Heranwachsenden"[190] beachtet und eingehalten. Im Schonraum der Partizipation am AAT wird den Jugendlichen und jungen Heranwachsenden ein Beziehungsangebot offeriert, das einen sicheren Rahmen bietet und eines nicht ist: indifferent. Dieses Gegenübertreten gewinnt insofern an Bedeutung, erleben sich doch einige der teilnehmenden jungen Menschen „als entbettet, in radikaler Weise auf ihre Subjektivität verwiesen, die aber doch eher als ein unglücklicher, weil unsicherer, instabiler Zustand in erzwungener Flexibilität erlebt wird"[191].

Zumindest kann in temporär begrenztem Umfang eine diesbezügliche positive Orientierungsmöglichkeit angeboten werden.

Induktiv darf aufgrund der oben zitierten Interviewpassage auch für die hier betrachtete Klientel angenommen werden, dass sie ohne einen vermuteten oder erfahrenen Sinn bezüglich der einzugehenden Beziehung sich gar nicht erst auf die Teilnahme einlassen würde, denn „eine pädagogische Beziehung ergibt nur Sinn, wenn sie auf der Seite des Erziehers geprägt ist durch eine bestimmte Kompetenz, um derentwillen es sich für Kinder als lohnend erweisen kann, diese Beziehung überhaupt einzugehen"[192]. Ist eine solche *bestimmte Kompetenz'* für die jungen Menschen nicht erkenn- oder vorstellbar oder wird diese der erziehenden Person, also der Trainerin oder dem Trainer, nicht zugeschrieben, wird eine sekundär vorhandene Teilnahmebereitschaft nicht in eine pri-

---

[190] Winterhagen-Schmid 2000, S. 22

[191] Winkler 2004, S. 75

[192] Giesecke 1999, S. 260

märe zu wandeln und eine Kursabsolvierung daher nicht möglich sein.

Allerdings generiert der gezeigte und der akzeptierte Respekt jene Atmosphäre, nach der in der Sphäre des Vertrauens an die Stelle des Widerstandes gegen das Erzogenwerden ein eigentümlicher Vorgang tritt, da der Zögling den Erzieher als Person annimmt, „er fühlt, dass er diesem Menschen vertrauen darf, dass dieser Mensch nicht ein Geschäft mit ihm betreibt, sondern an seinem Leben teilnimmt, dass dieser Mensch ihn bestätigt, ehe er ihn beeinflussen will"[193], was aus Sicht eines Jugendlichen bedeutet, „man konnte euch alles anvertrauen. Das war schon irgendwie neu für mich. [...]. Weil ich ja nicht wusste, ob ihr euch daran haltet, wenn diese Regel gilt *Verschwiegenheit*. Es wurde ja gesagt, alles, was in der Gruppe besprochen wird, wird nicht weitererzählt, also ans Gericht oder so. Und das war dann ja auch so, dass nichts gesagt wurde, wenn wir was erzählt haben. [...]. Als ich gemerkt habe, da ist nichts weitererzählt worden bisher, also einfach, weil ich den Eindruck hatte, ihr haltet euch an die Regel. [...]. Ja, ihr ward korrekt"[194]. Diese Art der konfrontativen Kommunikation bedeutet Annahme des anderen Menschen, nicht Ablehnung – „jemanden herabzusetzen, lächerlich machen, vor anderen bloß stellen, erniedrigen, demütigen gehört nicht in das Handlungsrepertoire von Pädagogen. Feindseliges Verhalten löst Feindseligkeit aus"[195] und vice versa erfolgte die Ablehnung, wenn dieses Vertrauen missverstanden oder gar missbraucht werden würde, wie ein

---

[193] Buber 1953, S. 68; zit. n.: Colla 1999, S. 350

[194] Schawohl 2013, S. 141 f.

[195] Büchner 2005, S. 46

Absolvent ein denkbares Abbruchszenario beschreibt: „Wenn irgendwas total schräg gekommen wäre. Dass da jetzt zum Beispiel irgendwas gegen die Absprachen läuft oder so 'ne Verarsche gelaufen wäre, also über Sachen gesprochen wird, die da nicht hingehören oder so"[196], mit anderen Worten:

„Vertrauen in der Interaktion setzt nicht auf ein bestimmtes Resultat, sondern setzt auf Sinn für beide Seiten. Vertrauen in Interaktionen bedeutet nicht, ich vertraue darauf, dass mein Gegenüber mich genauso versteht, wie ich denke und spreche bzw. dass mein Gegenüber denkt und handelt, wie ich es ihm sage. Es bedeutet vielmehr, dass ich davon ausgehe, dass mein Sprechen und Handeln für ihn sinnvoll ist und dass er mir dasselbe umgekehrt zutraut. Vertrauen produziert Sinn, und Sinnerfahrung produziert Vertrauen und Selbstvertrauen […]. Vertrauen ist also immer eine Antizipation von Positivem"[197] und gelangt durch eine interdependente Bedeutung der TrainerIn-Proband-Dichotomie nachvollziehbar zum Ausdruck. Weiterhin gilt für die Teilnehmenden, gleichsam die Erzählpersonen, dass diese „nicht unbedingt das Gefühl haben [müssen], der [Trainer] sei so wie sie selbst, sondern sie müssen vor allem die Überzeugung gewinnen, dass der [Trainer] oder die [Trainerin] jemand ist, der oder die verstehen kann"[198]. Vom AAT-Team ist verstehendes Zuhören zu erwarten, um die curricularen Inhalte des Trainings wirksam werden lassen zu können.

[196] Schawohl 2011, S. 158

[197] Hoppe 2009, S. 138 f.

[198] Helfferich 2004, S. 106

Durch diese Berücksichtigungen wird zugleich eine Situationssicherheit generiert, die zur Wahrung der Würde der Person sowie zur Wahrung der Gleichwertigkeit der Gesprächspartner beiträgt: ‚Respekt – das ist es, genau.'

Korrekturbedürftiges VI oder:

Nachdenken für eine gute Sache: „... für mich und meine Zukunft"

Defektiv wird die Intention des AATs dargestellt, wenn fragmentarisch betont wird, „jene Programme versprechen, mit ihrem 'konfrontativen Ansatz', jenes unangepasste, abweichende Verhalten der Kinder und Jugendlichen mittels einer 'Schnelldiagnose', und mit dem 'Knalleffekt' einer 'sofortigen Korrektur' 'in eine 100% Erfolglosigkeit' zu führen"[199]. So simpel ist es nicht und so verkürzt ist die Darlegung des zugrundeliegenden Zitates im Originaltext[200] im Übrigen auch nicht ausgeführt.

Hat der Verfasser an anderer Stelle sowie in mehreren Publikationen unter anderem die Bedeutung des Beziehungsaspektes für eine gelingende Praxisumsetzung des AATs betont, soll hier zur Veranschaulichung die von Colla eindeutig und umfassend dargelegte Beschreibung des pädagogischen Bezuges[201] skizziert werden, um zu verdeutlichen, „dass ein pädagogischer Bezug als ein notwendiges Anerkennungsverhältnis Grundlage allen pädagogischen Handelns ist"[202]. Insbesondere wird die begriffliche Entwicklung des *pädagogischen Bezuges* aufgezeigt, da auf Nohl und dessen Vorstellung von der Entwicklung eines jungen Menschen verwiesen wird, indem der Annahme gefolgt wird, dass ein aus Vernunft frei handelndes Wesen gemäß seiner Verantwortung zur

[199] Dörr 2010, S. 199

[200] Reissner 2004, S. 203

[201] Colla 1999, S. 341 ff.

[202] Colla 1999, S. 345

höheren Vollkommenheit strebt und die Pädagogik somit lediglich dafür dient, die natürlichen Kräfte im Menschen zu wecken, zu fördern und eventuell zu leiten. Nohl hat sich über viele Jahre mit der Thematik des *Pädagogischen Bezuges* beschäftigt und 1949 formuliert: „Wer von Pädagogik redet [...], wird sich unerbittlich klarmachen müssen, dass die Gewinnung dieses Bezuges seine erste Aufgabe ist, ohne die alles übrige vergeblich bleibt"[203]. Da hier einerseits von (konfrontativer) Pädagogik gesprochen und andererseits dem Nohlschen Verständnis gefolgt wird, soll anhand zweier Interview-Passagen gezeigt werden, wie sich die Beachtung dieses Axioms in der Praxis ausnimmt:

„Das war 'ne korrekte Sache, wie Sie das gemacht haben. Auf jeden Fall war das dann auch schon einfacher für mich, das durchzuziehen, obwohl ich das ja sowieso wollte. Also deshalb war das schon wichtig, dass da nicht irgendwelche Kasperköpfe loslabern [...]"[204].

„Na ja, also Sie haben ja gleich so am Anfang gesagt, so dass Sie nicht nur gucken, was wir so an Straftaten gemacht haben, also, dass Sie auch gucken, was wir noch so können, außer eben diesen Sachen. Obwohl das manchmal auch schon irgendwie nervig war mit diesem ewigen Reden.

[Was war nervig daran?]

Na ja, so immer wieder überlegen, was sag ich jetzt, was sag ich jetzt – und wenn man dann was gesagt hatte, wird trotzdem dann wieder weiter gefragt.

[Also das, was Du vorhin schon meintest, als Du gesagt hast, es wurde ‚immer wieder gefragt, gefragt, gefragt'?]

---

[203] Nohl 1949, S. 154; zit. n.: Colla 1999, S. 348

[204] Schawohl 2009, S. 26

Ja, genau (lacht). Aber hatte auch was irgendwie.

[Was denn?]

Na ja, so dass es eben auch was gebracht so, und man dann wusste, man muss sich jetzt wirklich einen Kopf machen so, weil man sonst eben wieder gefragt wurde, wenn die Antwort nicht passt so.

[Nachdenken für eine gute Sache, oder?]

Auf jeden Fall (lacht).

[Für welche ‚gute Sache' denn?]

(Lacht). Das geht ja schon wieder los jetzt.

[Und?]

Ja, also so für mich und für meine Zukunft eben. Weniger Stress für mich und andere, kein Knast mehr, lieber draußen und Freiheit, keine Gerichtsverhandlungen mehr und es gibt keine Opfer mehr.

[Ok, Du hast etwas gelernt.]

Sag ich ja"[205].

Es gilt und wird berücksichtigt: „Sozialpädagogische Interventionen und Interaktionen haben immer auch eine ethische Dimension, d.h. sie können nicht allein nach ihrer ‚*Wirksamkeit*' und ‚*Effizienz*' im Sinne der Durchsetzung bestimmter Ziele und der Erzwingung bestimmter Verhaltensweisen und der Einhaltung bestimmter Grenzen beurteilt werden, sondern es stellt sich immer zugleich die Frage nach dem ‚humanen zwischenmenschlichen Umgang', nach der ‚Wahrung der Würde der Person', nach der ‚inneren Zustimmung der betroffenen Per-

[205] Schawohl 2009, S. 32

son'"[206]. Hier fügt sich der zuvor erwähnte Gedanke des *pädagogischen Bezuges* sinnvoll ein, wird dieser doch von Nohl verstanden als „das leidenschaftliche Verhältnis eines reifen Menschen zu einem werdenden Menschen, und zwar *um seiner selbst willen*, dass er zu seinem Leben und zu seiner Form komme"[207]; betont wird, dass es um die Entwicklung des jungen Menschen geht, dass es um seiner selbst willen dieses leidenschaftlichen Verhältnisses bedürfe, um nämlich zuvörderst jene Schwierigkeiten aufzugreifen, die der junge Mensch hat, nicht jene, die er macht. Das bedeutet bezogen auf das Anti-Aggressivitäts-Training: Es geht eben nicht nur um die von den Probanden begangenen Straftaten, obwohl delikt- und auch defizitspezifisch gearbeitet wird, sondern es geht ebenso um den einzelnen Teilnehmer mit seiner individuellen Biografie[208]. Die Berücksichtigung dieser Individualität weiß auch um die Sensibilität hinsichtlich einer vorhandenen Strafmacht im Kontext der festgelegten Regeln für das Training. Die Teilnehmer, so ist auch beim AAT zu berücksichtigen, „unterscheiden […] genau, ob die Betreuenden sich trotz des wenig flexiblen Regelkatalogs bemühen, den individuellen Eigenheiten der Jugendlichen und der Besonderheit der Konfliktsituationen und -interaktionen Rechnung zu tragen – oder ob sie aus Unsicherheit, ‚schlechter Laune' oder (vermuteter) persönlicher Antipathie ihre Strafmacht gegen die Jugendlichen ausspielen"[209]; das Wissen darum, als Erwachsener beim AAT hinsichtlich der Konstellation

---

[206] Göppel 2010, S. 107 f.

[207] Nohl 1949, S. 134; zit. n.: Colla 1999, S. 348

[208] vgl. Schawohl 2003; S. 271 ff.

[209] Permien 2010, S. 61

Teilnehmer – Trainerin/Trainer „strukturell in seiner Position in der Vorhand [zu sein]"[210], verhindert einen möglichen Machtmissbrauch – dieser Punkt ist zu beachten und muss mitgedacht werden.

Unter anderem um diesbezüglich Handlungssicherheit ermöglichen zu können und um dem individuellen Aspekt hinreichend Raum zu gewähren, findet in den ersten Wochen des Trainings die sogenannte Integrationsphase statt, um den jungen Menschen in dieser Zeit verständlich werden zu lassen, dass die TrainerInnen keinerlei reduzierende Stigmatisierungszuschreibungen vornehmen, was sich in der Praxis so ausnimmt:

„Jeder hatte seine Sachen am Laufen, aber jeder war auch für sich, also, ich meine, Sie sind dann auch mit jedem Einzelnen sozusagen zusammengekommen, dass das dann auch gepasst hat. Also beim ‚heißen Stuhl' waren die Fragen ja auch bei jedem anders.

[Verstehe ich das richtig, dass Du meinst, es wurde auf jeden individuell eingegangen?]

Ja, genau: individuell – auf jeden wurde individuell eingegangen, genau. Das war gut und die Gruppe war gut und das hat gepasst.

[Ok.]

Und auch die Räume waren gut muss ich sagen. Dass wir im Sommer oder wenn's warm war, rausgehen konnten in den Garten oder auf die Terrasse.

[Würdest Du sagen, die Atmosphäre war angenehm?]

Angenehm, ja, es war, ja, es war schön da, obwohl wir ja nicht unbedingt dahin wollten, sind wir dann doch gekom-

---

[210] Thiersch 2007, S. 35

men, und dann war man in einer schönen Umgebung immerhin – obwohl es dann ja auch zur Sache ging.

[Damit meinst Du den ‚heißen Stuhl‘?]

Ja, auch, aber auch wenn es manchmal so dann etwas mehr zur Sache ging ohne den ‚heißen Stuhl‘. Hat gepasst.

[Wodurch ist es denn aus Deiner Sicht ‚passend‘ gemacht worden?]

Ja, so der Ablauf denk ich mal, so wie das eben aufgebaut war eben.

[Wie meinst Du das: ‚Wie das eben aufgebaut war‘?]

Na ja, so am Anfang erst mal so, nicht gleich so losgelegt sag ich mal, also nicht gleich ‚heißer Stuhl‘, so erst mal mit Hobbies und Stärken und Freundschaft und so [meint: Erstellen einer Wandzeitung; Anm. d. Verf.]. Und jeder konnte erst mal so gucken, was da so läuft in der Gruppe und wie die anderen so drauf sind, ja"[211].

Es sei herausgestellt: „…Sie sind dann auch mit jedem Einzelnen sozusagen zusammengekommen, dass das dann auch gepasst hat", sowie: „Und jeder konnte erst mal so gucken, was da so läuft in der Gruppe und wie die anderen so drauf sind…" – diese Sentenzen lassen vermuten, dass eine individual-subjektive Annahme curricularer Inhalte erfolgt ist; das impliziert unter anderem eine „Reflexion über den subjektiven Sinn von Gewalttaten [und deren] personenbezogene biografische Rekonstruktion"[212],gleichsam einer konfrontativ-individualisierten Kommunikation[213]. Für eine gelingende Praxis bedarf

---

[211] Schawohl 2009, S. 40 f.

[212] Kilb/Weidner 2013, S. 22

[213] vgl. Schawohl 2012, S. 77

100

es der komplementären Umsetzung von Wohlwollen plus Konfrontation, von Gewährenlassen plus Gegenwirkung, von Empathie plus Emphase.

„Verbindlichkeit und Engagement [der Professionellen] ist dabei unbedingte Voraussetzung für einen etwaigen Erfolg"[214]. Die Bereitschaft zum konfrontativ geführten Dialog widerspricht nicht dem Herstellen eines warmen Gesprächsklimas mit dem Ziel, sowohl das Sprachverhalten als auch das Verhaltensrepertoire der jungen Menschen begünstigend erweitern zu können. Bezüglich des Sprachverhaltens von Jugendlichen ist anzunehmen, dass dieses „sowohl in formaler als auch in inhaltlicher Hinsicht [...] deutlich durch die Art des Sprachverhaltens von erziehenden Erwachsenen [...] beeinflusst wird"[215]. Die ständige Forderung des Sprechens statt Schlagens ist besonders bedeutsam für die praktische Arbeit, damit den bisherigen Straftaten Worte und diesen Worten nunmehr gewaltfreie Taten folgen können[216], und „jemandem Respekt entgegenzubringen, der mit etwaigen Tötungsabsichten gegen zentrale Wertvorstellungen der Gesellschaft (und damit auch der Fachkraft) verstößt, stellt wohl eine der schwierigsten Anforderungen dieses Berufes dar"[217], gleichwohl muss – einem Brecht-Zitat folgend – zum Ausdruck gelangen, dass die Jugendlichen und jungen Heranwachsenden „Menschenantlitz tragen wie wir"[218]. Ein 19-jähriger AAT-Absolvent, dem ob eines Tötungsdeliktes im Gerichtsurteil ‚Gefühlskälte‘ und eine

---

[214] Guggenbühl 2011, S. 190

[215] Tausch/Tausch 1973, S. 79 f.

[216] vgl. Schawohl 2012, S. 164

[217] Kähler 2005, S. 121

[218] Fischer/Röttger 2007, S. 5

,menschenverachtende Brutalität' attestiert worden ist, äußerte nach einem stationären Training gegenüber dem Verfasser: „Was glauben Sie, wen meine Richterin kennen lernen würde, wenn sie sich mal richtig für mich interessieren würde? [...]. Den Menschen Eddie"[219], der am Ende des Kurses die ihm geltende Wertschätzung daran festgemacht hat, dass er eben nicht auf das von ihm begangene Tötungsdelikt reduziert worden ist, sondern „ich hier auch als normaler Mensch gesehen wurde, der auch Gefühle kennt und auch welche hat"[220].

Inwieweit nun den Verlautbarungen Glauben geschenkt werden mag, „die offene Bezüglichkeit anderer Problemkontexte oder biografischer Konfliktlagen wird systematisch ausgeblendet"[221] beziehungsweise „biographische Erfahrungen [...] werden bewusst nicht berücksichtigt"[222], sei dahingestellt – mit der tatsächlichen Praxis haben sie zumindest nichts gemein. Vielmehr ergibt sich für eine am Training teilnehmende Person die Möglichkeit, „das Wissen über sich selbst zu verbessern und sich selbst thematisieren zu lernen"[223]. Das beinhaltet durchaus gesellschaftstauglichen Nutzen, zielt das Training eben „keineswegs nur auf die Habitualisierung disziplinierter und kontrollierter Männlichkeit, sondern zugleich auf Stärkung von Empathie"[224], wird ein weiterer prospektiver Aspekt betont. Hinsichtlich des Beziehungsaspektes sowie der Veränderungsmotivation der einzel-

[219] Schawohl 2012, S. 183

[220] Schawohl 2012, S. 183

[221] Heuer 2012, S. 196

[222] Plewig 2008, S. 2

[223] Kilb 2011, S. 209

[224] Scherr 2002, S. 305

nen Teilnehmer im gruppendynamischen Prozess sind die „Entwicklungsherausforderungen für konfrontative Verfahren"[225] beachtens- und bedenkenswert.

Bei alledem nunmehr eine „Lust am Strafen, am Erniedrigen"[226] erkennen zu wollen, ist geradezu absurd. Zudem lassen die obige Sequenz und auch andere Interviewpassagen von Rachegelüsten, Gehorsam, Überwachung oder missbräuchlichem Umgang mit der Macht seitens des AAT-Teams nichts erkennen; auch „unpädagogische Disziplinierung, Dressur und Unterwerfung"[227] mögen sich nicht vernehmen lassen, ebenso wenig wird der Teilnehmer zum „klinischen Objekt"[228] herabgewürdigt oder durch „terroristische Momente"[229] bedrängt. Eher ließe sich doch vermuten, dass am Ende eines AAT- Kurses aus Sicht mancher Probanden auf ein pädagogisches Anerkennungsverhältnis zurückgeblickt werden kann, das die Begegnung und die daraus sich ergebende Beziehung zwischen AAT-Teilnehmer – also einem werdenden Menschen – und Trainerin oder Trainer – also einem reifen Menschen – als eine positive Beziehungserfahrung in der Erinnerung verankert werden kann.

Die Bedeutsamkeit eines solchen Anerkennungsverhältnisses hinsichtlich der Wirksamkeit während des Trainings verdeutlicht das nachfolgende Interview[230]:

---

[225] Krüger 2011, S. 370 ff.

[226] Plewig 2010, S. 154

[227] Herz 2005, S. 367

[228] Kunstreich 2000, S. 36

[229] Kunstreich 2003, S. 42

[230] Schawohl 2013, S. 147 ff.

[Was hat für Dich dafür gesprochen, diesen AAT-Kurs durchzuführen?]

Ja, dass ich nicht so gewalttätig mehr bin, dass ich ruhiger geworden bin; und äh, dass ich, wenn ich jetzt meine Bewährung rum habe, nicht mehr so aggressiv auf Leute zugehe oder mich mit irgendwelchen Leuten schlage tue.

[Was heißt für Dich ‚nicht mehr so aggressiv‘?]

Ja, wo ich noch keine Bewährung hatte, war ich ziemlich aggressiv. Wenn mich jetzt so Leute angerempelt haben oder wenn ich jetzt feiern war oder so was, so bei Meinungsverschiedenheiten bin ich sehr schnell aufbrausend geworden, und seitdem ich hier beim AAT gewesen bin, ähm, hab ich begriffen, dass es mir sowieso nichts bringt, wenn ich da – oder dass ich viel zu schnell hochkomme und wenn ich eben eine Nummer ruhiger fahr, dass ich dann ohne Probleme und ohne Schwierigkeiten da rauskomme.

[Dazu zwei Nachfragen. Erstens: ‚Aufbrausend‘ – wie hat sich das bemerkbar gemacht, und zweitens: Wie hast Du konkret gemerkt, dass Dir das für Dich ‚nichts bringt‘?]

Also, aufbrausend: Viele Freunde oder auch mein Bruder, wenn wir jetzt weg waren und ich hab irgendwie mich geschlagen oder da ist was passiert, dann haben die gesagt: ‚Ja, wieso hast du denn so reagiert, da war doch gar nichts‘, nä – und deswegen das Wort ‚aufbrausend‘, nä.

[Genau meine Frage: Wieso hast Du denn ‚so reagiert‘? Erst mit Worten oder gleich zugeschlagen?]

Ja, das war unterschiedlich, manchmal hab ich mit Worten und dann, wenn's anders nicht ging, hab ich auch Schläge, aber das ist, kommt auf die Sit... [Abbruch an dieser Stelle mitten im Wort und Fortsetzung mit anderer Formulie-

rung; Anm. d. Verf.]. Wenn ich viel getrunken hab, dann bin ich ganz schnell oben.

[Also, wenn Alkohol im Spiel war.]

Ja.

[So, und das Zweite: Du hattest gesagt, dass Dir das ,nichts bringt' – wie hast Du das festgestellt?]

Ja, also ich mein, ich bin ja jetzt hier zum AAT gekommen, und, ähm, ich hab ja auch Körperverletzung und auch vorher hatte ich schon Körperverletzung und es hat mir ja auch nichts gebracht. Ich mein, die Sachen hätte ich eben bestimmt auch ausdiskutieren können oder aus dem Weg gehen können, und das hab ich nicht gemacht und jetzt bin ich hier, nä.

[Hättest Du das denn machen können?]

Ja, doch, da geh ich von aus.

[Bleibt die Frage: Warum hast Du es nicht gemacht?]

Weil ich zu dumm war würde ich sagen, ja.

[Und daraus hast Du gelernt?]

Ja.

[Was?]

Ja, dass ich jetzt nicht mehr, wenn ich mit der Bewährung durch bin, irgendwie auf Leute, wenn ich jetzt was getrunken hab, oder auch, wenn ich jetzt so gehe und mich da welche dumm anquatschen, dass ich dann nicht gleich aufbrausend werde oder so, dass ich dem dann einfach aus dem Weg gehe und mir dann sage: ,Gut, ich hab's gelernt, ich kann auch den Rücken umdrehen, ich kann auch ein Feigling sein oder der Schwächere sein' – das ist egal.

[Wie ist Dir das klar geworden, dass Du Dir erlauben kannst zu sagen: ,Ich kann auch ein Feigling sein, ich kann auch der Schwächere sein'?]

Ich mein, was die anderen denken, dass ist mir jetzt egal geworden so, ich muss an mich denken und, ähm, wenn ich weiter so machen würde, wie ich bisher gemacht habe, dann würde ich keine Bewährung mehr haben und ganz schnell wieder drinne sitzen und das will ich auf jeden Fall nicht riskieren.

[Wie viele Gerichtsverhandlungen hattest Du bisher?]

Bisher acht.

[Acht – das reicht ja auch, oder?]

(Lacht). Auf jeden Fall, ja.

[Wann hast Du die Entscheidung getroffen, diesen AAT-Kurs bis zum Ende durchzuführen?]

Das war mir eigentlich schon klar, wo ich mich hier vorgestellt hab, dass ich das durchziehen möchte.

[Das ist das eine: Du ,möchtest' das durchziehen – und wann war Dir klar, Du ,möchtest' das nicht nur, sondern Du ziehst das auch tatsächlich durch?]

Ja, wo ich da eben auch in der Runde saß mit den anderen [Teilnehmern; Anm. d. Verf.], ähm, ich hab erstens gehört, was die anderen so alles gemacht haben, aber auch, was ich denn so gemacht hab, hab ich denn auch noch mal so vorgehalten bekommen und, ähm, da ist mir auch klar geworden, so geht das nicht weiter, und ich muss mein Leben ändern, und also, auch, wie soll ich sagen, wenn ich das so alleine machen will, da hab ich nicht so die Möglichkeit mich zu ändern, dann bin ich wieder so mit anderen Leuten, und hier hab ich eben meine Möglichkeiten mich zu ändern, und das wollte ich auch unbedingt machen.

[Was heißt denn, dass ist Dir ,vorgehalten' worden und das ist Dir dann ,auch klar geworden', dass das ,so' nicht weitergehen kann?]

Ja, mir ist das schon klar geworden, dass das so nicht weitergehen kann, nä, also...

[Und wie ist das zu verstehen, wenn Du sagst Dir ist das ,vorgehalten' worden, was Du gemacht hast?]

Ja, also, was heißt ,vorgehalten'? Mir hat man gesagt, die Fehler, die ich gemacht habe, dann hab ich noch mal richtig darüber nachgedacht und was ich überhaupt für Scheiße gemacht hab, und das war alles nur Müll so, das hat überhaupt nichts gebracht so, und so will ich das nicht weitermachen.

[Warum hast Du Dich entschieden, diesen AAT-Kurs bis zum Ende durchzuführen?]

Warum? Ja, damit ich mich, ja, damit ich, wie soll ich sagen, damit ich eben nicht mehr so rückfällig werde mäßig; dass ich eben nicht so aggressiv bin, dass ich auch ruhiger leben kann. Hier beim AAT hat man ja gezeigt, dass es eben auch anders geht und – ja, darum.

[Was ist Dir denn am klarsten in Erinnerung geblieben, was Du persönlich auch ,anders' machen kannst?]

Da, wo mir das am klarsten wurde?

[Ja, wodurch?]

Ja, wir haben viele Sachen gemacht, aber durch den ,heißen Stuhl', ja, also beim ,heißen Stuhl' wurde mir richtig klar, was für Scheiße ich gebaut hab, aber warum, ja da waren viele Sitzungen, die mir viel gebracht haben, sag ich jetzt mal.

[Das würde bedeuten, ‚viele Sitzungen', also auch Sitzungen, bei denen Du logischerweise nicht auf dem ‚heißen Stuhl' warst?]

Ja, das ist ja klar.

[Nenn doch mal ein Beispiel, was Du aus einer anderen Sitzung für Dich mit rausgenommen hast.]

Ja, wie es danach weitergeht, wenn auch meine Bewährung ist, wie ich mir mein Leben dann vorstelle, und wo ich denn noch mal darüber nachgedacht hab, ob das denn auch alles, wie soll ich sagen, ob man das denn alles so umsetzen kann, wie ich das denke, nä. Manchmal übertreibt man oder viele übertreiben und das geht alles gar nicht, so wie die das sagen,...

[Ja.]

...aber man muss ein bisschen realistisch bleiben, und da kann man gut nachdenken, und da kommen dann auch die richtigen Fragen, und dann kommen Fragen und dann kann man die beantworten und dann weiß man schon selber, ob das unlogisch oder ob das logisch ist.

[Das klingt so, als hätte das für Dich mit den Themen, die da Sache gewesen sind, ganz gut gepasst.]

Ja.

[Toll, ok.]

[Wodurch bist Du angeregt (motiviert) worden, diesen AAT-Kurs bis zum Ende durchzuführen?]

Ja, meine Familie hat mich richtig motiviert.

[Ok.]

Und die haben dann auch immer gesagt, ja, das schaffst du schon; auch wenn das manchmal schwer ist und so, aber das Leben ist nun mal nicht immer einfach. Und für die Scheiße, die ich gebaut hab, muss ich auch gerade stehen, und wenn ich weiterhin normal leben will und ein ruhiges Leben haben will, dann muss ich das eben durchziehen, nä. Und meine Familie stand immer hinter mir, und dafür hab ich mich dann eben auch richtig eingesetzt, nä.

[Ist das denn auch so zu verstehen, dass Du einmal durch Deine Familie angeregt worden bist, also motiviert worden ist, aber auch gesehen hast, das Training lohnt nicht nur für mich, sondern auch für meine Familie?]

Ja, und vor allem auch für das Umfeld noch. Also, ich mein, mein Chef hat ja auch immer gesagt, zieh das durch, das schaffst Du und er hat auch gesagt: ‚Zieh das Training durch, und Du kannst auf jeden Fall weiter bei mir arbeiten, trotz Bewährung‘, ich mein, das hat mir auch immer so'n Reiz gegeben.

[Das heißt, dass Dir auch von anderen Leuten immer eine Perspektive eröffnet worden ist, dass Dir das auch weitaus mehr bringen kann, als nur so ganz formal Deine Bewährungsauflage zu erfüllen?]

Ja, auch, und er hat ja auch gesagt, ich mein, er hat gesagt, dass ist nicht schlecht, das ist ja nicht umsonst, dass wir das hier machen, das wird schon was bewirken, und das kannst Du alles mitnehmen, was Du da lernst, das kann nicht schaden, nä.

[Hast Du Deinem Chef denn überhaupt erzählt, was hier so stattgefunden hat beim AAT®]

Ja, ich hab ihm auch gesagt, dass er im Internet mal reingehen soll und über den ‚heißen Stuhl‘ mal gucken soll und über AAT.

[Und hat er geguckt?]

Ja.

[Und?]

Er hat sich das so durchgelesen und meinte, ja, das ist aufregend, und er meinte, er stellt sich das auch nicht so einfach vor.

[Gut. War das wichtig für Dich, dass es Leute gibt, die an Dich glauben, die Dir gut zureden und die Dich motivieren?]

Ja, ‚andere Leute‘, also, meine Familie, nä...

[Ja, genau die meinte ich: Deine Familie, Deinen Chef eventuell, weiß ich nicht.]

Ja, das ist mir schon wichtig, dass die zu mir halten, nä.

[Ok.]

[Welche Bedeutung hatte das TrainerInnenteam für Deine Entscheidung?]

Wie soll ich das jetzt verstehen?

[So zu verstehen: Inwiefern spielt die Person der Trainer eine Rolle oder war das für Dich total egal?]

Ja, das hat schon ne Rolle gespielt irgendwo, weil er, also Sie, ja auch viel Erfahrung haben mit Jugendlichen oder mit Straftätern oder so was, und das war schon wichtig, wie Sie darüber denken, weil Sie haben doch ein bisschen mehr Ahnung wie ich.

[Wofür oder warum war das wichtig für Dich?]

Ja, dafür, dass ich weiß, Sie haben mir viel gesagt, wie das richtig gemacht wird, oder was heißt richtig gemacht – wie man einen Weg gehen kann und jetzt weiß ich genau, was ich für eine Scheiße gebaut hab und wie ich jetzt gehen muss.

[Hast Du Dich eigentlich über die Sitzungen hinaus noch mit den Themen, die da Sache waren, beschäftigt?]

Also, nach den Sitzungen abends, wenn ich zu Hause gewesen bin, dann hab ich schon noch oft darüber nachgedacht, was wir da gemacht haben, oder auch wenn andere jetzt was gesagt haben, was sie sich vorgenommen haben, hab ich auch darüber nachgedacht, ob das überhaupt realistisch wäre für die. Oder auch bei mir hab ich darüber nachgedacht, was kannst Du denn noch ändern bei Dir?

[Ich möchte noch einmal auf die von Dir erwähnte ‚Erfahrung‘ mit Jugendlichen, in diesem Falle mit straffälligen Jugendlichen, zurückkommen. Ist das so zu verstehen, dass das für Dich wichtig ist, dass da eine Glaubwürdigkeit rüberkommt, also dass das, was gesagt wird, auch nachvollziehbar ist, dass das auch einen Sinn macht?]

Ja, auf jeden Fall.

[Unter welcher/welchen Voraussetzung/en hättest Du diesen AAT-Kurs nicht beendet?]

Oh, kann ich gar nicht sagen. Eigentlich, was alles so vorgekommen ist, hat mir schon gefallen, und das hat mir doch schon was gebracht so. Ich könnte jetzt nicht sagen, wann ich ausgestiegen wäre, wann mir das zuviel geworden wäre.

[Gab es denn für Dich vor Beginn des Kurses eine deadline, dass Du sagst: ‚Wenn ich an diesem Punkt bin, wenn jetzt das oder das passiert, dann sag ich ‚Nein‘ – ich mach nicht mehr mit‘?]

Nein, das kam nicht vor.

[Es war auch nicht so, dass Du für Dich einen sogenannten ‚schlechtesten Fall‘ angenommen hast, bei dem Du ausgestiegen wärest?]

Einmal war das hart auf dem ‚heißen Stuhl', aber da hab ich nicht daran gedacht, irgendwie jetzt aufzuhören oder auszusteigen, aber es war trotzdem hart, aber diesen Gedanken hatte ich nicht so.

[Gab es vor Beginn des Kurses für Dich ein Szenario, dass Du Dir zurecht gelegt hattest, bei dem Du ausgestiegen wärest, wenn das eingetreten wäre?]

Ja, wo ich mich vorgestellt hab hier, da wusste ich auch noch gar nicht, was darin so vorkommt, und deswegen konnte ich mir auch noch gar nicht so vorstellen, was so passiert und deswegen hab ich mir auch keine Gedanken gemacht, wenn es bis dahin geht, dann hör ich auf. Ich konnte mir darüber keine richtigen Gedanken machen.

[Vielen Dank, D., das war's.]

Die perspektivische Intention ist in diesem Interview deutlich zu vernehmen, so dass zumindest die Möglichkeit einer optimierten Zukunftsplanung angedacht und generiert worden ist: „[...] Teilnehmer [...] ordnen dem Kurs Bedeutung für ihr weiteres Leben zu"[231], lautet die Feststellung einer *Evaluation Sozialer Trainingskurse für jugendliche Gewalttäter*. Lässt sich am Anfang des Trainings eine bessere oder verbesserte Zukunftserwartung nicht unbedingt pointiert zum Ausdruck bringen, so ist doch die vage Aussicht auf einen Wandel zum Positiven von Bedeutung, was ein 17-jähriger AAT-Absolvent so begründet, dass er „immer das Gefühl hatte, dass mir das irgendwas bringt. Ich konnte mich da zwar nicht gleich reinversetzen, aber ich wusste, das bringt was. Ich sag Ihnen ganz ehrlich, wenn ich gedacht

---

[231] van Rennings/Kotter 2003, S. 16

112

hätte, der ganze Scheiß hier bringt's nicht, dann wäre ich zu Frau M. [Mitarbeiterin der fallzuständigen Jugendgerichtshilfe; Anm. d. Verf.] gegangen und hätte gesagt: ‚Wohin schicken Sie mich bei diesem Scheiß? Was ist das?' [...]. Ich hatte auch das Gefühl – und das war wirklich das erste Mal so – ich war ja noch Jugendlicher [...], dass ich das Gefühl hatte, das bringt mir was, aber ich weiß nicht was – das war ja das Schwierige: ich weiß das, aber ich weiß nicht was"[232] – es steht gleichwohl die Erwartung einer Besserung gegenüber der bisherigen Situation für den Jugendlichen in Aussicht.

[232] Schawohl 2011, S. 168

Korrekturbedürftiges VII oder:

Ausnahmen taugen nicht zur regelhaften Veranschaulichung: „Wenn man mich geschlagen hätte."

Idealtypisch eröffnet die Begegnung „mit einem Erwachsenen, der sich als Repräsentant seiner Lebenswelt versteht, der zur Vergangenheit und den darin aufgehobenen Erfahrungen steht, [...] im pädagogischen Umgang auch die Chance zur Synchronisation und Neuerschließung sozialer Bereiche in Raum und Zeit, stellt einen Beitrag zur handelnden Vernetzung und zeitlichen Nutzung von gesellschaftlichem Raum dar, der durch alleinige Partizipation an normierten Beziehungen in dieser Qualität nicht erreichbar sein dürfte"[233].

Pointiert drückt der oben zitierte Kursabsolvent es so aus: „Ja, das hat schon ne Rolle gespielt irgendwo, weil er, also Sie, ja auch viel Erfahrung haben mit Jugendlichen oder mit Straftätern oder so was, und das war schon wichtig, wie Sie darüber denken, weil Sie haben doch ein bisschen mehr Ahnung wie ich"[234]. Damit scheint nicht zum Ausdruck zu gelangen, dass der Proband zu einer passiven Anpassungsleistung gezwungen[235] worden ist, sondern die Art der Begegnung zog als Resultat nach sich, dass die Partizipation für den Betreffenden ein Konfrontationsangebot mit einem akzeptierten und akzeptierenden erwachsenen Gegenüber bedeutet hat, dass zumindest von besonderer Qualität für ihn gewesen ist und anderweitig wohl nicht zustande gekommen wäre. Den im Bereich AAT Tätigen nunmehr inkriminierend in globo

---

[233] Colla 1999, S. 344

[234] Schawohl 2009, S. 47

[235] Becker 2005, S. 341

antragen zu wollen, „ihre öffentlichen Bekundungen und praktischen Handlungen sind geprägt von einer gering schätzenden Meinung von ihrem [!] Klientel"[236], kann lakonisch durchaus als Verbalinjurie betrachtet werden. Ohne den gelingenden Takt wäre die dialogisch geprägte Maßnahme gar nicht in die Praxis umzusetzen. Diese Voraussetzung ist ebenso bei den sogenannten ‚heißen Stuhl'-Sequenzen, gleichsam einer konfrontativ-individualisierten Tatkommunikation[237], unabdingbar. Dass die Teilnehmer dabei „mit Stereotypen derber Männlichkeit"[238] konfrontiert werden, mag der Verfasser als regelhafte Begebenheit so nicht bestätigen können.

Da der Takt auch bei diesen Sequenzen gewahrt bleibt, gibt es daher keine inhumanen Zumutbarkeiten für die Klientel, obgleich auch diese behauptet werden: „Entwürdigende Maßnahmen im Sinne des 1631 II BGB sind unter anderem solche, die die eigene Selbstachtung und das Ehrgefühl in unzulässiger Weise beeinträchtigen [...]. Vorgehensweisen aus dem konfrontativen Teil des AAThS wie die spezifische Form des Vorgeführtwerdens vor der Gruppe und die ‚grenzwertige' Kommunikation insgesamt stehen damit auf einer Stufe"[239], und indem „die Methode den Einzelnen in entwürdigende Situationen bringt und sich des [...] öffentlichen Prangers bedient, [und] nichts anderes ist [...] gerade wesentlicher Programmbestandteil der hier

---

[236] Plewig 2010, S. 163

[237] vgl. Schawohl 2012, S. 70 ff.

[238] Krasmann 2000, S. 218

[239] Plewig 2010, S. 437

besprochenen Trainingsmaßnahmen"[240], werden juristische Bedenken vorgetragen.

Indem die Kritikerin einen Verstoß gegen die Menschenwürde und somit eine Missachtung des Grundgesetzes Art. 1 (1), S. 1 erkennt, zudem anmahnt, „der mit dem Teilnehmer abgeschlossene Vertrag oder die Interventionserlaubnis [helfe] nicht, um die von Art. 1 Abs. 1 GG ausgehende Begrenzung staatlicher Gewalt [...] zu relativieren"[241] und hinzufügt, dass es im Rahmen einer Behandlung unter Zwang an einer autonomen Entscheidung des Betroffenen fehle, wird gleich ein ganzer Katalog an Rechtsverletzungen angeführt, der im Zusammenhang mit der Umsetzung des Anti-Aggressivitäts-Trainings steht. Dazu sei angemerkt, dass explizit die rechtliche Absicherung von Hein, Rechtsanwalt, Diplom-Sozialpädagoge sowie zertifizierter Trainer (AAT/CT), gewürdigt worden ist mit dem Ergebnis, dass diese Bedenken nicht haltbar sind, da die Methodik des ‚heißen Stuhls' bei „schulmäßiger Durchführung" nicht in den Schutzbereich des Art. 1 (1) S. 1 GG eingreift:

- aufgrund kommunikativer interaktiver Elemente sowie des ‚Stopp'- Rechtes wird ein Teilnehmer nicht zum bloßen Objekt staatlichen Handelns degradiert;
- es findet keine ‚Gehirnwäsche' statt;
- der Teilnehmer wird nicht systematisch erniedrigt und gedemütigt, was unter anderem die Integrationsphase mit den vertrauensbildenden Inhalten verdeutlicht;

---

[240] Rzepka 2005, S. 379-381; Rzepka 2004, S. 126 ff.

[241] Rzepka 2005, S. 379

- die Identität des Teilnehmers wird nicht gebrochen, die Darstellung seiner selbst bleibt ihm belassen[242].

Sollte die Autorin trotz dieser juristischen Würdigung ihre Bedenken aufrecht erhalten, wäre darauf hinzuweisen, dass unter Berücksichtigung einer dezisionistischen Annahme „das als Recht anzusehen ist, was die Gesetzgebung zum Recht erklärt"[243] – das beinhaltet nach dem Verständnis des Verfassers:

- wenn eine Anmeldung zu einem AAT erfolgt, dann hat zuvor eine hinreichende Würdigung des jeweiligen Einzelfalles stattgefunden, so dass der Sachverhalt juristisch umfassend bearbeitet worden ist;
- wenn, wie von Hein angemerkt und gefordert, die Maßnahme schulmäßig durchgeführt wird, sind rechtliche Bedenken nicht gegeben;
- bei anhaltenden Bedenken hinsichtlich der Verletzung eines verfassungsmäßig zugesicherten Rechtes wäre die Prüfung durch die dafür zuständige Instanz erforderlich.

Somit müsste die Autorin sich dann mit ihren Bedenken an die dafür zuständigen Instanzen wenden, um dort die Einwände prüfen zu lassen.

Seitens des Verfassers sei ergänzend angemerkt, dass er diese Bedenken zudem deshalb nicht teilt, weil ihm in seiner praktischen Arbeit die Vorhaltungen weder regelhaft aufgefallen noch von der Klientel mitgeteilt worden

[242] Hein 2006
[243] DUDEN 2011, S. 244

118

sind – cum grano salis, wie mit Bedauern anzumerken ist. In diesem Zusammenhang ist auf die Interviewpassage mit einem Kursabsolventen Bezug zu nehmen, da dieser zunächst auf die Frage antwortet, unter welchen Voraussetzungen er das AAT nicht bis zum Ende durchgeführt hätte:

„Wenn man mich geschlagen hätte.

[Wer hätte Dich schlagen sollen?]

Weiß nicht, aber ich hab gehört, es gibt auch Trainer, die schlagen die Leute so beim ‚heißen Stuhl‘.

[Von wem hast Du das gehört, das beim ‚heißen Stuhl‘ geschlagen wird?]

Von einem Kumpel, der das mal so im Fernsehen gesehen hat. Da waren auch so Leute, die so ein AAT gemacht haben, und die sind mit der ganzen Gruppe irgendwo hingegangen, so als Ausflug am Wochenende oder so [meint: Trainingseinheit auf einer Almhütte; Anm. d. Verf.]; und da haben die dann auch so ‚heiße Stühle‘ gemacht und da wurden die dann richtig fertig gemacht eben.

[Was meinst Du mit ‚richtig fertig gemacht‘?]

Ja, eben geschlagen, so mit Ohrfeigen und angeschrien und so was – das meinte ich.

[Ja, weiß ich, was Du meinst. Das war auch soweit daneben, wie es weiter nicht geht. Wobei wir euch ja zugesichert hatten, dass ihr nicht angefasst werdet.]

Ja, war ja auch ok, wie das bei uns gelaufen ist – war ja auch ohne schlagen top. Geht ja wohl auch nicht, dass Sie uns sa gen, wir sollen uns nicht schlagen und dann teilen Sie dafür was aus (lacht).

[Du sagst es. [...] "[244].

Diese durch eine Fernsehreportage dokumentierte und durch gar nichts zu entschuldigende Entgleisung eines zertifizierten Anti-Aggressivitäts-Trainers verstößt sowohl gegen rechtliche als auch gegen ethisch-kodierte Vorschriften[245] als auch gegen die vom Institut für Sozialarbeit und Sozialpädagogik und dem Institut für konfrontative Pädagogik formulierten Qualitäts-Standards für das Anti-Aggressivitäts-Training[246] und im Übrigen auch gegen jenes Trainerprofil, das unter der Koautorenschaft des *schlagenden Trainers* in dem Buch mit dem Titel ,Schlaglos Schlagfertig' ausformuliert worden ist und hervorhebt, dass folgende Kompetenzen vorhanden sein müssten:

- Empathiefähigkeit,
- Beharrlichkeit,
- Durchsetzungsvermögen,
- Verantwortungsbewusstsein.

Die erste Kompetenz meint die Fähigkeit, „gemäß dem pädagogischen Grundgedanken dem Schüler zu signalisieren, dass man ihn als Person akzeptiert und respektiert, [und Verantwortungsbewusstsein bedeutet] im konfrontativen Umgang mit Gewalttätern nicht eigene Unterlegenheitsgefühle kompensieren bzw. Machtphantasien

---

[244] Schawohl 2009, S. 36

[245] w.o.a.: Göppel 2010, S. 107 f.

[246] vgl. Weidner/Kilb 2004; Kilb 2004, S. 107 ff.

120

ausleben"[247]. Diese theoretischen Vorgaben werden konkretisiert, da der richtige – und ebenso vom Verfasser exponierte – Gedanke angeschlossen wird, „Interventionsverfahren ‚leben' wesentlich von der Person des Erziehenden/des Trainers, da jener als eigentliches Interaktionsmedium der pädagogischen Einflussnahme dient. [...]. Somit gewinnt maßgeblich die innere Haltung des Trainers an Bedeutung, insofern der konkrete Umgang mit Jugendlichen die zugrunde liegende pädagogische Haltung des Pädagogen widerspiegelt"[248]. Was mag nun das Schlagen in dieser konkreten Disqualifikationshandlung über den agierenden Trainer und seine Haltung aussagen?

Die Despektierlichkeit manifestiert sich, wenn die theoretischen Ausführungen mit der Feststellung abgeschlossen werden, dass – wenn auch auf den ersten Blick nicht unmittelbar ersichtlich – „in der konfrontativen Auseinandersetzung mit gewaltbereiten Jugendlichen bislang lebensweltorientierter Sozialarbeit vorbehaltene Prinzipien Anwendung [finden] (‚Den Klienten da abholen, wo er steht'). Neben den gewalttätigen Jugendlichen, die es vorziehen, mittels Gewalttaten Konfrontationen zu suchen, ist gleichsam der Pädagoge in der Lage, konfrontative Elemente in die Begegnung einzubinden und den Täter mit ‚ebenbürtigen' Mitteln zu empfangen"[249]. Entweder unterläuft dem Koautor eine Fehlinterpretation, was diese Worte in praxi bedeuten, oder – horribile dictu – Theorieverständnis und Praxisauslegung werden aus seiner Sicht konformiert. Ersteres wäre bedauerlich, zwei-

---

247 Morath/Rau/Rau/Reck 2004, S. 22

248 Morath/Rau/Rau/Reck 2004, S. 23

249 Morath/Rau/Rau/Reck 2004, S. 23

tes mit der Profession unvereinbar. Hier ist die Aufforderung an die konfrontativ arbeitenden Personen berechtigt, sie müssen sich „immer wieder fragen, inwieweit sie durch diesen Umgang mit den ihnen Anbefohlenen eigene Geltungsbedürfnisse befriedigen oder eigene Machtphantasien auf Kosten von Wehrlosen auszuleben suchen"[250] und noch basaler ist mit Colla zu ergänzen: „Das Instrument der Konfrontation selbst [muss] [...] kritisch durchdacht werden, [...] auch in der (sprachlichen) Ausgestaltung und in der Anwendung von körperlicher Gewalt"[251] – manchmal bedürfen auch Selbstverständlichkeiten einer wiederholten Erwähnung.

Wäre diese Vorgehensweise nunmehr regelhafter Praxisstandard müsste womöglich der einen oder anderen genannten Irrwegthese akzeptabler Gehalt zugesprochen worden.

Von daher sei erneut auf Hein verwiesen, der zu der in diesem Zusammenhang aufgetretenen *no-touch-Debatte* explizit anmerkt: „Auf dem <u>Heißen Stuhl</u> wird zwar noch nicht durch jede bloße körperliche Berührung, wohl aber durch das gezielte, zu Provokationszwecken bzw. zur Steigerung der Nervosität erfolgende <u>Anfassen, ‚Herumtätscheln' im Gesicht</u> u.ä. in die vom Willen des Grundrechtsträgers umfasste Körpersphäre und damit in dessen Grundrecht aus Art. 2 II 1 GG (körperliche Unversehrtheit) eingegriffen. Dieser Eingriff kann mangels Freiwilligkeit nicht durch einen entsprechenden Grundrechtsverzicht des Teilnehmers verfassungsmäßig gerechtfertigt werden, denn der Heiße Stuhl ist ‚Nadelöhr' und zwingender Bestandteil des AAT, das sowohl

---

[250] Walkenhorst 2004, S. 63

[251] Colla 2001, S. 86

bei straf- als auch bei jugendhilferechtlichem Hintergrund regelmäßig nicht ohne (massive) Konsequenzen abgebrochen werden kann. Im Zweifel daher: ‚no touch‘ statt ‚correct touch‘!!!“[252]. So eindeutig umgesetzt sollten missverständliche Praxissituationen auszuschließen sein[253]. Somit ist dieser Vorgabe Heins uneingeschränkt zuzustimmen.

Gleichwohl lassen sich aus diesem konkreten Fehlverhalten eines Trainers nicht induktiv die von den Kritikerinnen und Kritikern pauschalisierten Vorwürfe ableiten, da diese in der praktischen Arbeit eben so in der Regel nicht wiederzufinden sind. Zutreffender ließe sich eine „klare Linie mit Herz [als] pädagogische Erfolgsformel der Zukunft“[254] ausmachen, denn als Essential dieser Linie benennt Weidner einen autoritativen Erziehungsstil: Grenzziehung in transparenter Form, Delegierung von Verantwortung sowie Konfrontation bei Regelverletzung, was in der Praxis so wiederzufinden ist: „[...] Sie haben immer das Gefühl vermittelt, das ist für uns. Das ist nicht so wie in der Schule: Du sitzt da und dann läuft das so dahin, sondern das ist so, dass Du denkst, das ist für mich, das bringt mir was. Und auch so mit diesem ‚Plus‘ und ‚Minus‘ [meint: Rating für jede Sitzung; Anm. d. Verf.], das war auch so, dass wir dann immer noch darüber geredet haben, ob das nicht doch ein ‚Plus‘ war oder doch noch ein ‚Neutral‘ oder so. Sie haben dann, wenn einer gestört hat, ein ‚Minus‘ gegeben, normal, wurde ja vorher erklärt, darüber haben wir dann auch immer noch diskutiert. [...]. Ich war ja einer der Jüngsten dort, aber ich

---

[252] Hein 2006

[253] vgl. Ptucha/Scharnowski 2006, S. 102

[254] Weidner 2004, S. 13

wurde auch respektiert von allen, darauf wurde ja auch
von Ihnen geachtet. [...]. Wissen Sie, das war auch so aufgebaut, dass man das Ganze respektvoll handhabt"[255].

Da erinnert ein Absolvent offensichtlich eine bedeutsame
Erfahrung – sowohl hinsichtlich einer zu vermuteten
inhaltlichen Aneignung als auch der praktizierten Umsetzung curricularer Thematiken.

Göppel weiß von einem Teilnehmer zu berichten, für den
„das Training tatsächlich ein sehr bedeutsamer Denkan-
stoß [war]: ,Also mir wurde ja auch hier beim Training
klar gemacht, daß meine Familie sehr gelitten hat darun-
ter, über die Sachen, die ich gemacht hab'. Weil mir selbst
war das nicht bewußt. ... Und hier wurde mir das klar
gemacht und zum Bewußtsein gebracht, was ich überhaupt angestellt hab'. Das war das erste Mal, wo halt
mich jemand konfrontiert hat, mit dem [,] was ich wirklich bin, was keiner draußen auf der Straße sozusagen,
grob gesagt, gewagt hat. Weil die Leute haben immer 10
Meter Abstand gehalten, allein schon von meinem Ruf
her'"[256]. Insbesondere die „Unterscheidung damals –
heute und die Betonung der ‚Bewusstwerdung' von Din-
gen, die vorher nicht bewusst waren"[257], erscheinen Göppel als markant. Eine perspektivische Wirksamkeit durch
die AAT-Teilnahme mag für diesen jungen Menschen
nicht zu leugnen sein. Diesem Statement lässt sich zudem
immanent entnehmen, dass die praktizierte Ansprache
kommunikativ richtungweisend und prospektiv richtig

---

[255] Schawohl 2013, S. 89
[256] Göppel 2002, S. 83
[257] Göppel 2002, S. 83

gewählt worden ist – das korrespondiert mit der Einlassung „So hat noch nie jemand mit mir gesprochen…"[258].

---

[258] Kilb/Weidner 2000, S. 379 ff.

Korrekturbedürftiges VIII oder:

Konfrontative Pädagogik – keine für alle: „… auf jeden wurde individuell eingegangen…"

Der erhobene Vorwurf, die konfrontative Pädagogik verführe nach dem Motto *eine Methode – ein Konzept für alle*[259] und sie sei als „eine schlichte Umerziehungsmaßnahme zu sehen"[260], basiert jedenfalls nicht auf allzu umfassender Literatur- oder anderer Recherche; ansonsten wäre der explizite Hinweis nachlesbar gewesen, wonach „sehr deutlich wird, dass eine konfrontative Pädagogik nicht alle Menschen zu ihrer Zielgruppe erklärt"[261]. Weiterhin wird diese wenig differenzierte Vorhaltung durch die Einlassung Jehns entkräftet, dass die im Rahmen dieser Pädagogik umgesetzten Praxiskonzeptionen, beispielsweise das AAT, „als wesentliche Ergänzung erscheinen und nicht als neue[r] ‚Königsweg'"[262], so dass die ebenfalls publizierte Vorhaltung, „die Befürworter der ‚Konfrontativen Pädagogik' beanspruch[t]en eine Deutungshoheit"[263]als unzutreffend widerlegt wird.

Der explizite Hinweis an die AAT/CT-Praktiker, „dass konfrontative Elemente [nicht] der Königsweg kluger Pädagogik sind und schon gar nicht der Königsweg einer Pädagogik, deren Adressaten biografisch allzu viele handfeste Konfrontationen erlebt haben"[264], ist argumen-

[259] Herz 2005, S. 368

[260] Ahrbeck/Winkler 2010, S. 98

[261] Walkenhorst 2004, S. 55

[262] Jehn 2003, S. 83

[263] Herz 2005, S. 369

[264] Scherr 2002, S. 304

tativ insofern instabil, da eine solche Prämisse in diesem Duktus gar nicht zum Ausdruck gebracht worden ist.

Der Vorgabe einer wesentlichen Ergänzung folgt im Übrigen inzwischen auch Kunstreich, da er als einer der Initiatoren für einen neuen Studiengang aufgetreten ist, der „Konfliktmanagement und Gewaltprävention"[265] in den Fokus rückt, als dessen bedeutendes Anliegen unter anderem formuliert wird, akzeptierende Jugendarbeit gehe immer von der Prämisse aus, „dass man sich erstens für die Jugendlichen interessieren müsse (und nicht nur für das, was man an ihnen schrecklich findet), und zweitens, dass jene Jugendlichen subjektiv für sich Sinn darin sehen, so zu denken und so zu handeln, wie sie es jeweils tun. Will man, dass sich das ändert, dann muss man sich letztlich in solche Prozesse einmischen. Dabei hat auch Konfrontation einen ganz wichtigen Platz, aber das pädagogische Handeln wird nicht – wie oft von außen gefordert – auf Konfrontation beschränkt"[266], wird Jehns profunde Einlassung konkludiert und Winklers lakonische Feststellung bekräftigt: „Konfrontation allein macht [...] ebenso wenig wie Nicht-Intervention Professionalität aus"[267]. Eine über die ausschließliche Teilnahme am Training hinausgehende Unterstützung „gehört flankierend zur Konfrontation"[268] lautet der intendierte Gedanke, wohl wissend, dass die Integration in eine Gesellschaft sowie die Integration von Gesellschaften jeweils voraussetzungsvolle Prozesse[269] darstellen.

[265] Kunstreich 2006, S. 35

[266] Krafeld 2006, S. 36

[267] Winkler 2003, S. 44

[268] Toprak/Alshut/Keskin 2012, S. 36

[269] vgl. Heitmeyer/Imbusch 2012

128

Die Konfrontation ist und wird zulässig durch eine gelingende Beziehungsarbeit, „und vielleicht liegt heute somit tatsächlich in dieser Art von klarer Konfrontation eine Chance zur Integration"[270], gleichsam einer „Verhinderung individueller Exklusion"[271].

Was das in der und für die Praxis bedeutet, wird wiederum durch ein Interview[272] belegt, das weiter oben im Text bereits Erwähnung gefunden hat.

[Was hat für Dich dafür gesprochen, diesen AAT-Kurs durchzuführen?]

Ich hatte die Auflage vom Gericht. Die haben gesagt, ich muss dahin oder sonst geht's in den Knast.

[Warst Du schon einmal inhaftiert?]

Ja, aber nur kurz in U-Haft.

[Wie kurz war die U-Haft?]

Zwei Wochen.

[Was wäre denn ohne diese Androhung ,sonst geht's in den Knast' gewesen – hättest Du trotzdem teilgenommen?]

Weiß nicht. Auf jeden Fall hätte ich es dann wohl nicht so ernstgenommen.

[Was glaubst Du, was wäre für Dich anders gewesen, wenn es diese Androhung nicht gegeben hätte?]

Ja, weiß nicht, ich hätte vielleicht gesagt, ich nehm das hier gar nicht richtig Ernst. Ich geh da ein-, zweimal hin, und dann sag ich, das passt mir nicht und fertig.

[Du hast es ja ernstgenommen.]

---

[270] Göppel 2002, S. 85

[271] Kilb/Weidner 2013, S. 142

[272] Schawohl 2013, S. 137 ff.

Ja.

[Wann hast Du die Entscheidung getroffen, diesen AAT-Kurs bis zum Ende durchzuführen?]

Ich hab von Anfang an gedacht, dass ich das durchziehe.

[Obwohl Du ja gesagt hast, ohne den Druck mit der Androhung einer Haftstrafe hättest Du das nicht so ernstgenommen.]

Ja, aber als der Richter gesagt hat, ohne AAT gibt es keine Bewährung hab ich das ernstgenommen. Sonst wäre ich reingegangen und dann irgendwann wieder raus und den Kurs hätte ich dann trotzdem machen müssen.

[Dann wärst Du vermutlich erst einmal in den Arrest gekommen und hättest dann noch einmal teilnehmen müssen.]

Ja, genau: Arrest.

[Und nach dem Arrest wärst Du dann erneut für ein AAT angemeldet worden.]

Genau.

[Was wäre denn genau Deine Befürchtung gewesen, wenn Du sagst, Du hast das ernstgenommen, weil der Richter gesagt hat, ‚ohne AAT gibt es keine Bewährung'?]

Na ja, Sie müssen das so sehen: Wenn ich das jetzt nicht gemacht hätte, hätte ich doch sonst alles verkackt, kann man so sagen. Ich wäre wieder in den Knast gegangen, meine Eltern wären gar nicht mehr damit klargekommen, meine Ausbildung hätte ich abschreiben können, meine Freundin wäre weg gewesen, und überhaupt alles wäre weg gewesen: Freiheit, Familie, Freundin, Freunde, wieder in der Zelle hocken – das muss ich mir nicht noch mal geben, ehrlich nicht, muss nicht sein. Und dann musste ich eben sehen, dass mir da mal Leute wie Sie Feuer unterm Arsch machen – oder unterm Hintern eben (lacht).

[Klingt nachvollziehbar.]

Ja. Und dann sag ich mir doch, ich geh lieber hier einmal die Woche hin, als wenn ich da im Knast sitze und dann auch nichts besser wird für mich in Zukunft.

[Ok.]

[Warum hast Du Dich entschieden, diesen AAT-Kurs bis zum Ende durchzuführen?]

Ja, eben: Ich stand ja kurz vor dem Knast. U-Haft kannte ich ja schon. Ich wollte nicht noch mal einziehen.

[Also ganz klar das Interesse daran, in Freiheit zu bleiben.]

Auf jeden Fall. Ich war zwar nur die zwei Wochen drin, aber das hat mir echt gelangt.

[Was ist denn im Nachhinein für Dich der wichtigste Grund, dass Du sagst, Du willst nicht wieder in den Knast?]

Da drinnen ist alles anders: keine Freundin, keine Familie, keine Freunde, die da sind, alles fehlt da. Man muss warten, bis einer aufschließt, du musst warten, bis du zum Essen kannst – das muss ich nicht noch mal haben.

[War Dir das vorher alles nicht klar, wie viel Dir das bedeutet und wie wichtig das für Dich ist?]

Doch schon, aber eben nicht so klar. Das hab ich dann erst gemerkt, als ich wirklich im Knast war. Eingeschlossen und Tür zu – nie wieder.

[Wodurch bist Du angeregt (motiviert) worden, diesen AAT-Kurs bis zum Ende durchzuführen?]

Wie jetzt? Also, warum ich das gemacht habe?

[Ja. Was genau war für Dich der Grund oder was waren die Gründe, dass Du gesagt hast, ich bleibe bis zum Ende dabei?]

Hm, ja, also, auf jeden Fall, weil ich nicht rein wollte – sagte ich ja schon. Und so die anderen Sachen hab ich ja auch schon gesagt. Und dann war es auch so, dass die Gruppe gepasst hat, finde ich.

[Was meinst Du damit, ‚dass die Gruppe gepasst hat?]

Die Leute waren ok. Haben zwar auch alle Mist gebaut, aber waren trotzdem in Ordnung. Also, da war dann am Ende keiner mehr, bei dem man sagen konnte, der gehört hier nicht hin.

[Die Zusammensetzung hat also gestimmt?]

Ja. Man wusste, die wollten alle was erreichen hier. Wir gehörten zusammen kann man sagen.

[Wie hat sich dieses Zusammengehörigkeitsgefühl für Dich am ehesten bemerkbar gemacht?]

Ja, wir waren nicht so unterschiedlich. Wir haben zwar jeder so unsere Sachen gemacht, aber wir wollten doch zusammen am Ende irgendwie dasselbe erreichen. Jeder hatte seine Sachen am Laufen, aber jeder war auch für sich, also, ich meine, Sie sind dann auch mit jedem Einzelnen sozusagen zusammengekommen, dass das dann auch gepasst hat. Also beim ‚heißen Stuhl' waren die Fragen ja auch bei jedem anders.

[Verstehe ich das richtig, dass Du meinst, es wurde auf jeden individuell eingegangen?]

Ja, genau: individuell – auf jeden wurde individuell eingegangen, genau. Das war gut und die Gruppe war gut und das hat gepasst.

[Ok.]

Und auch die Räume waren gut muss ich sagen. Dass wir im Sommer oder wenn's warm war rausgehen konnten in den Garten oder auf die Terrasse.

[Würdest Du sagen, die Atmosphäre war angenehm?]

Angenehm, ja, es war, ja, es war schön da, obwohl wir ja nicht unbedingt dahin wollten, sind wir dann doch gekommen, und dann war man in einer schönen Umgebung immerhin – obwohl es dann ja auch zur Sache ging.

[Damit meinst Du den ‚heißen Stuhl'?]

Ja, auch, aber auch wenn es manchmal so dann etwas mehr zur Sache ging ohne den ‚heißen Stuhl'. Hat gepasst.

[Wodurch ist es denn aus deiner Sicht ‚passend' gemacht worden?]

Ja, so der Ablauf denk ich mal, so wie das eben aufgebaut war eben.

[Wie meinst Du das: ‚Wie das eben aufgebaut war'?]

Na ja, so am Anfang erst mal so, nicht gleich so losgelegt sag ich mal, also nicht gleich ‚heißer Stuhl', so erst mal mit Hobbies und Stärken und Freundschaft und so [meint: Erstellen einer Wandzeitung; Anm. d. Verf.]. Und jeder konnte erst mal so gucken, was da so läuft in der Gruppe und wie die anderen so drauf sind, ja. Und dann war ja immer schon mal so 'n bisschen auf Steigerung das Ganze, also, schon mal so 'n bisschen mehr nachfragen und mal so dagegenhalten – so Konfrontation eben (lacht); also erst mal habt ihr uns so kommen lassen und dann habt ihr uns hübsch in die Falle laufen lassen, wenn ihr uns dann gesagt habt, was wir irgendwann mal so gemacht haben, was so in den Urteilen steht und so, ja.

[Was ja nach Deiner Einschätzung allerdings ‚gepasst' hat.]

Hat gepasst, ja.

[Ok.]

[Welche Bedeutung hatte das TrainerInnenteam für Deine Entscheidung]

Man konnte euch alles anvertrauen. Das war schon irgendwie neu für mich.

[Inwiefern war das ‚neu' für Dich?]

Weil ich ja nicht wusste, ob ihr euch daran haltet, wenn diese Regel gilt Verschwiegenheit. Es wurde ja gesagt, alles was in der Gruppe besprochen wird, wird nicht weitererzählt, also ans Gericht oder so. Und das war dann ja auch so, dass nichts gesagt wurde, wenn wir was erzählt haben.

[Verstehe ich das richtig, wenn Du damit meinst, dass es neu für Dich war, für Dich zu überprüfen, ob Du das überhaupt schaffst, jemandem zu glauben, wenn gesagt wird, diese Regel Verschwiegenheit gilt hier?]

Ja, auch, ja.

[Wann ist Dir das denn klar geworden, dass diese Regel auch tatsächlich eingehalten wird?]

Als ich gemerkt habe, da ist nichts weitererzählt worden bisher, also einfach, weil ich den Eindruck hatte, ihr haltet euch an die Regel.

[Und was meintest Du, wenn Du sagst: ‚Man konnte euch alles anvertrauen'?]

Ja, ihr ward korrekt. Ihr habt gesagt, wir können auch mal kommen, wenn es woanders Probleme gibt – so mit Schule oder so oder mit Behörden oder Wohnung oder so. Und dann habt ihr auch nicht gleich gesagt: ‚Ne, darum kümmern wir uns nicht', sondern ihr habt uns dann auch dabei geholfen – das war gut.

[Wobei hat Dir das zum Beispiel geholfen?]

Als ich Stress mit meiner Wohnung hatte, ganz klar. Da habt ihr mir mit dem Brief geholfen und dann hat sich das geklärt. Oder nach dem Anruf bei dem Vermieter und nach dem Brief war das dann wieder im Lot, genau.

[Unter welcher/welchen Voraussetzung/en hättest Du diesen AAT-Kurs nicht beendet?]

Ich hab durchgehalten. Da hätte schon echt was Krasses passieren müssen. Was, weiß nicht. Schlagen vielleicht. Oder eben dass doch eine Regel nicht eingehalten wird. Aber sonst gar nicht.

[E. – vielen Dank, das war's dann.]

Die Formulierung ‚Sie sind dann auch mit jedem Einzelnen sozusagen zusammengekommen, dass das dann auch gepasst hat. Also beim ‚heißen Stuhl' waren die Fragen ja auch bei jedem anders. Ja, genau: individuell – auf jeden wurde individuell eingegangen, genau', bestätigt: „Jeder einzelne [‚heiße Stuhl'] ist so individuell, wie es die Menschen sind, die auf ihm Platz nehmen"[273].

In unmissverständlicher Weise konkludiert ein anderer AAT-Absolvent: „Ich wollte selbst endlich mal was durchziehen, was auch mit mir zu tun hat. Immer nur dicht machen geht ja auch nicht auf Dauer. Mir beweisen, dass ich mir auch selbst in den Arsch treten kann, so was durchzuziehen. Und klar, auch, um zu gucken, ob ich wirklich immer so abgehen muss. [...]. Ich habe so viel

---

[273] Röskens 2011, S. 155

Körperverletzungen begangen, dass ich die schon gar
nicht mehr zählen kann. Irgendwann wander' ich richtig
ab dafür, dann gibt es keine Bewährung mehr. [...]. Und
deshalb muss ich das auch vom Gericht aus durchziehen,
sonst wird die Bewährung ganz schnell widerrufen"[274].

Der individual-perspektivische Nutzen wird pointiert
zum Ausdruck gebracht; „Lust und Mut für neue Taten"[275] sollen und können aktiviert werden. Diese Sichtweise begünstigt eine gute Motivierung, was wiederum
dazu führt, dass ein Zustand generiert werden kann, der
das Auftreten der positiven Motivationsfaktoren verstärkt
– diese Interdependenz ist zu beachten[276], da bereits in
dem jeweiligen Vorgespräch, das mit einer für das Training angemeldeten Person obligat geführt wird, die
individuellen Interessenlagen ausgelotet werden. Die
Motivationspsychologie kennt das Erwartung-Wert-Mo-
dell, was meint, dass die Wertschätzung für ein bestimmtes Handlungsziel mit den zur Verfügung stehenden Realisierungschancen von einer Person abgewogen werden.
„Neben der Bewertung eines Handlungsziels beeinflussen auch die wahrgenommenen Realisierungschancen die
Motivation. Aus beiden [...] lassen sich Grundzüge von
Motivationsprozessen rekonstruieren"[277].

Um den prozesshaften Ablauf der Motivation begünstigend beeinflussen und gestalten zu können, sei die Bedeutung des Einstiegs in dieses Geschehen skizziert, da
analog der anhand einer Studie erbrachte Nachweis gilt,
„wenn es einem Patienten bereits innerhalb der ersten

---

[274] Schawohl 2013, S. 110 f.

[275] Goethe 1984, S. 180

[276] vgl. Schawohl 2009, S. 146 ff.

[277] Schneider/Schmalt 2000, S. 14

drei Sitzungen besser geht, ist es wahrscheinlich, dass auch der weitere Verlauf erfolgversprechend ist"[278].

„Hab ich gleich gewusst, dass ich das hier mache", reflektiert ein 18-jähriger AAT-Absolvent am Ende des Kurses, „weil ich mir gedacht habe, das passt hier alles richtig gut: Die Leute, die Räume, die anderen Knaller [meint: die anderen Kursteilnehmer; Anm. d. Verf.], die Stimmung hier – war schon gut so"[279].

Somit muss die Einstiegsmotivation gelingen, um den intendierten Erfolg des Trainings wahrscheinlicher werden lassen zu können.

Der Begriff der Behandlungsmotivation lässt sich weiter fassen, indem eine Differenzierung zwischen drei Bestimmungsstücken vorgenommen wird, die für den Motivationsprozess von Bedeutung sind:

- Behandlungsdisposition,
- Behandlungsbereitschaft,
- Behandlungsaktivität[280].

Die *Behandlungsdisposition* meint den Aspekt der Behandlungsmotivation und thematisiert die subjektive Auseinandersetzung des vorgesehenen Teilnehmers mit der Entwicklung seiner deviant-delinquenten Karriere. Der eventuell zunehmende Druck, beispielsweise durch das Einschreiten der Justiz, durch den Abbruch von Beziehungen, durch familiäre Einflussnahme, durch schulische oder berufliche Konsequenzen oder ähnliches, kann eine Veränderungsmotivation erzeugen mit dem Wunsch als

[278] Hertzer 2002, S. 49

[279] Schawohl 2009, S. 73

[280] vgl. Petry 1993, S. 104 ff.

Folge, das gewaltaffine Verhalten zu beenden. *„Aber irgendwann"*, so ein interviewter Abbrecher in einem Interview,
*„muss ich ja mal die Kurve so kriegen, weiß ich ja auch. Ich hab
mir ja auch schon so mal 'n Kopf gemacht, dass ich nicht ewig
so weitermachen kann mit diesen Sachen* [meint: u. a. Körperverletzungen; Anm. d. Verf.], *und dann nerven wieder
alle. […]. Polizei, Gericht, meine Mutter, meine Freundin, alle
eben"*[281], ist zumindest die subjektive Auseinandersetzung
vorhanden, ohne jedoch soweit zu tragen, dass eine Behandlungsbereitschaft oder gar eine Behandlungsaktivität
generiert werden konnte.

Die *Behandlungsbereitschaft* kann als „zeitlich veränderbare
Empfänglichkeit für eine Behandlung [verstanden wer-
den], d. h. ein aktuell bestehendes Potential, von einer
Behandlung profitieren zu können, so dass sich daraus
der optimale Zeitpunkt für die Anwendung einer therapeutischen Maßnahme ergibt"[282].

Damit sind als motivationale Bedingungen folgende
Items verbunden:

- eine Situation oder ein Problem muss vom Probanden ohne die Inanspruchnahme fremder Hilfe als
  unerträglich empfunden werden (Leidensdruck und
  Hilfewunsch);
- ein anvisiertes Hilfsangebot muss als erfolgreich
  betrachtet werden (Erfolgserwartung);
- die zu erwartenden Belastungen dürfen nicht zu
  stark sein (Kosten)[283].

[281] Schawohl 2009, S. 73

[282] Petry 1993, S. 134

[283] vgl. Petry 1993, S. 135

138

Aus Probandensicht lässt sich diese Situation wie folgt beschreiben: „[…] Sie müssen das so sehen, ich hätte doch sonst alles verkackt, kann man so sagen. Ich wäre wieder in den Knast gegangen, meine Eltern wären gar nicht mehr damit klargekommen, meine Ausbildung hätte ich abschreiben können, meine Freundin wäre weg gewesen, und überhaupt alles wäre weg gewesen: Freiheit, Familie, Freundin, Freunde, wieder in der Zelle hocken – das muss ich mir nicht noch mal geben. […]. Und dann musste ich eben sehen, dass mir da mal Leute wie Sie Feuer unterm Arsch machen. […]. Und dann sag ich mir doch, ich geh lieber hier einmal die Woche hin, als wenn ich da im Knast sitze und dann auch nichts besser wird für mich in Zukunft"[284], wird die Empfänglichkeit für das Trainingsangebot deutlich, da die Items Hilfewunsch, Erfolgserwartung sowie Kosten explizit respektive implizit benannt werden.

Die *Behandlungsaktivität* impliziert eine eindeutige Abkehr: Es muss der Schritt von der Änderungsmotivation hin zur Abstinenzmotivation gelingen[285]. Eine weitergehende Unterscheidung wird bei diesem Aspekt durch die Begrifflichkeiten der Akzeptanz sowie der Persistenz vorgenommen.

Die *Behandlungsakzeptanz* zielt auf das Engagement der betroffenen Person ab; so kann zum Beispiel ein Jugendlicher oder junger Heranwachsender, der bereits gerichtsbekannt und wiederholt straffällig geworden ist, keinerlei Engagement zeigen – „*[…] ich hatte keine Lust, so weit zu fahren, […] keine Lust, mich jedes Mal abends in den Bus zu setzen, […], dann so lange da sitzen, voll Zeitdruck und*

---

284 Schawohl 2009, S. 74

285 vgl. Schwoon 1990, S. 166 ff.

dann abends noch nach Hause und keine Freizeit mehr"[286]– oder aber kann mehrere Angebote wie AAT, ambulante Suchtberatung sowie die Ableistung von Arbeitsauflagen wahrnehmen, wie ein Absolvent bestätigt, da dieser neben dem AAT noch auflagenbedingte Termine bei der Drogenberatung wahrgenommen hat *„und auch noch ein paar Arbeitsstunden, die ich noch offen hatte und dann auch noch erledigt habe"*[287].

Die *Behandlungspersistenz* betrachtet die Ausdauer mit der eine Maßnahme genutzt wird. Eine hohe Intensität läge vor, wenn ein Proband von Beginn an, also dem Zeitpunkt der Anmeldung und der daraus resultierenden Anmeldung für das Vorgespräch und dem Start, bis zum Abschluss des Trainings und dem anschließenden Nachtreffen alle Termine wahrnimmt und die definierten Ziele, zum Beispiel Gewaltabstinenz und ein straffreies Leben, beibehält.

Der Einstieg in diesen anspruchsvollen Gelingensprozess wird somit in dem Vorgespräch initiiert und während der Integrationsphase intensiviert und fortgesetzt. Die Klärung des motivationalen Aspektes ist von eminenter Bedeutung, da eine positive Beziehung zwischen Veränderungsmotivation und Behandlungsmotivation besteht[288]. Mitgedacht werden muss hier die erwähnte Bedeutsamkeit des Beziehungsaspektes, da die Person des Trainers sowie die Beziehung zwischen diesem und einem Teilnehmer „wesentliche ‚Kontextfaktoren'"[289] sind. Mit den Worten eines weiter oben bereits zitierten Ju-

---

[286] Schawohl 2009, S. 74

[287] Schawohl 2009, S. 74

[288] Petry 1993, S. 55

[289] Klug 2013, S. 338

gendlichen heißt das: „*Gleich bei der ersten Sitzung, als ihr vom ‚heißen Stuhl' gesprochen habt. Ab der dritten, vierten Sitzung hat das richtig Spaß gebracht, so da sitzen, reden in der Gruppe – das war richtig gut. [...]. Die Leute waren gut, muss ich sagen, also ihr Trainer so. Ihr ward jetzt nicht so locker, so lasst mal irgendwas machen hier so, sondern ihr habt klar gesagt, was abgeht, und ihr habt den Leuten irgendwie den Eindruck gegeben, dass kann was bringen, wenn die auch mitmachen dabei. [...]. Also, man hatte den Eindruck, ihr habt Ahnung, genau: Ihr wisst, wovon ihr redet, und man kann euch nichts vormachen, weil ihr einen Blick dafür hattet, was da abgeht, sozusagen Profis, die das machen. [...]. Da hat man gemerkt, ihr hattet einen Plan und man konnte euch nicht so austricksen. Schon gar nicht, wenn es um das Reden geht, da seid ihr abgewichst eben. Abgewichst und fair dabei – das macht euch zu Profis. Und da waren wir gut aufgehoben, genau*“[290].

Dieses Statement exemplifiziert: Gelingt die Einstiegsmotivation, besteht eine Basis, um den intendierten Erfolg des Trainings mit individueller Gültigkeit wahrscheinlicher werden zu lassen.

[290] Schawohl 2013, S. 116 f.

So kann es nicht gut gehen und nicht gut sein

Hier soll ein Kritikpunkt aufgegriffen werden, der aus Sicht des Verfassers ebenso seine Berechtigung hat wie das zuvor konkretisierte Phänomen.

Unter der Überschrift „Anti-Gewalttraining im Jugendstrafvollzug – Tummelplatz für ‚crime fighter'?"[291] ist ein Artikel publiziert worden, der die an anderer Stelle veröffentlichte Selbstbeschreibung eines TrainerInnenteams in den Mittelpunkt rückt. Das in dem Artikel kritisierte Team der TrainerInnen führt(e) auch extramurale Angebote durch und zeichnet(e) zudem für Fortbildungen im Bereich AAT/CT resp. AGT (Anti-Gewalt-Training) resp. Anti-Aggressivitäts-Training *Hamelner Modell („Beim AAT handelt es sich seit der Gründung 1986 (1986 in Hameln) um ein emanzipatorisches Therapiekonzept, das sowohl bei den Trainer/Innen wie bei den Klienten/Innen Aspekte von Selbstbestimmung, Selbstcoaching, Reduzierung der Abhängigkeit von Fremdurteilen und damit ultimative Stärkung einer nicht-autoritätshörigen Grundhaltung konzipiert und (damals wie heute) bei den 'Härtesten der Harten' platziert"[292])* verantwortlich.

Bezug genommen wird in dem oben genannten Artikel unter anderem auf folgende Selbstzuschreibungen des AAT-Teams hinsichtlich ihrer Kompetenzen; sie seien:

- Kampagnenführer,
- Schlägertherapeuten,
- Undercover-Agenten,
- subkulturelle Helden,

---

[291] Walter 1999, S. 23

[292] Heilemann/Fischwasser-von Proeck 2012

- die cleversten, körperorientiertesten, stärksten, wehr-
  fähigsten, mit dem höchsten IQ ausgestatteten Personen,
- unterwegs im Auftrag der Opfer,
- aus besonderem Holz geschnitzt,
- überlegen, sexy und ‚geil drauf‘,
- geistig einfach ‚hipphopp‘,
- ausgezeichnet durch Training der Körpermuskula-
  tur, Aufbau des kognitiven Turbos und tägliches Offensivitätstraining,
- unmäßig, gierig und gefräßig beim Eindringen in die
  Identität des Aggressors,
- ohne Respekt vor Vorgesetzten,
- besessen von Opfergerechtigkeit,
- das SEK des Knastes[293].

Ausdrücklich wird darauf verwiesen, man müsse den Artikel noch einmal nachlesen, um zu der Überzeugung gelangen zu können, es handele sich tatsächlich um wörtliche Zitate aus den Selbstzuschreibungen. Dass es diesem Autoren- und AAT-Team durchaus ernst ist mit diesen Zuschreibungen wird dadurch manifest, dass diese Selbstattribute über einen Zeitraum von mehreren Jahren veröffentlicht worden sind, da es heißt, „Anti-Gewalt-Man[a]ger und Managerinnen sind schon eine besondere ‚Art von Mäusen‘. Sie sind aus besonderem ‚Holz geschnitzt‘. Sie sind aus besonderem ‚Schrot und Korn‘: [...] Ihr Flair, ihre Performance und ihre Aura generieren eine exklusive Ausstrahlungskraft und erzeugen ein spezielles therapeutisches Ambiente. Sie sind Fitness-Fans – emotionales Jogging, Training der Körpermuskeln,

---

[293] vgl. Walter 1999, S. 23

144

Aufbau des kognitiven Turbos und tägliches Offensivitätstraining zeichnen sie aus. Sie hantieren geschickt mit dem psychologischen Skalpell beim Wegoperieren der Gewaltlegitimationen ihrer ‚Kunden‘. Sie sind unmäßig, gierig und gefräßig beim Eindringen in die Identität des Aggressors: Sie inszenieren einen grandiosen ‚Gegenauftritt‘ zu seinem Aggressionsritual. Und: Sie sind jederzeit in der Mehrheit, weil – eins wollen sie auf keinen Fall: Verlieren"[294]. Das mag die oftmals geforderte Authentizität des pädagogischen Personals in manchen Fällen vermutlich nicht aushalten (wollen).

Durch ein Nachlesen des Kapitels „Therapeutischer Extremismus: Therapeutenvariablen[295] komplettiert das TrainerInnen-Team unter Hinzufügung weiterer Auszeichnungen das professionelle Selbstverständnis. Zumindest irritierend ist dabei die Anmerkung, „Nichtausrechenbarkeit ist das oberste Gebot für den Anti-Gewalt-Trainer" [296], widerspricht diese axiomatisierte Darlegung doch zumindest dem Verständnis des Verfassers, der die Triade *Transparenz – Kooperation – Konfrontation* eher für tauglich und nachvollziehbar hält, um die AAT-Praxis zu gestalten. Es geht um Arbeit *für die* und anschließend *in der* Beziehung.

In einem Interview ist dem Verfasser mitgeteilt worden, er sei *„irgendwie geheimnisvoll. [...] Sie haben immer noch ein Ass im Ärmel. Sie spielen uns mit Ihrem Gehirn aus"*[297], was allerdings nicht bedeutet, der Trainer wäre nichtausre-

---

[294] Heilemann/Fischwasser-von Proeck 1998, S. 231

[295] Heilemann/Fischwasser-von Proeck 2001, S. 92 ff.

[296] Heilemann/Fischwasser-von Proeck 2001, S. 92

[297] Schawohl 2009, S. 9

chenbar, wie es von anderer Seite gefordert wird. Vielmehr ist die Verlässlichkeit vorhanden, um der Sache willen wäre gegebenenfalls *noch ein Ass im Ärmel*. Deutlicher wird das Verständnis für die *Transparenz* und der darauf basierenden Komponenten *Kooperation* und *Konfrontation*, wenn folgende Interviewpassage betrachtet wird, da geäußert wird: *„Ja, ok. Sie nehmen kein Blatt vor den Mund. Ja, und wenn, Sie haben am Anfang erzählt, was los ist, und wenn es irgendwo Probleme gab, dann haben Sie gesagt, was wir sollen und was Sie wollen und wir haben das alle verstanden. Sie haben die Karten auf den Tisch gelegt. [...]. Offenheit"*[298].

Ergo: Für die notwendige Transparenz ist von Beginn an zu sorgen – ‚Sie haben am Anfang erzählt, was los ist' und ‚Sie haben die Karten auf den Tisch gelegt' – und die Eindeutigkeit sowie das Verständnis scheinen dadurch generiert werden zu können – ‚Und wir haben das alles verstanden' –, so dass anschließend die Konfrontation stattfinden kann. Das, so kann mit Winkels Ausführungen ergänzt werden, gelingt insbesondere dann, wenn die Unterstützung anbietende Person „in sich folgende ‚Tugenden' immer wieder zu aktivieren sich bemüht: **K**ooperations-, **K**onflikt-, **K**ompromiss- und **K**onstanzbereitschaft – ohne diese vier sozialpädagogischen **K**s bleibt alles professionelle Handeln fragil"[299].

Es ist somit seitens des TrainerInnen-Teams zunächst *für die* Beziehung gearbeitet worden, um im Anschluss *in der* Beziehung arbeiten zu können; die Dynamik dieses Prozesses ist nachvollziehbar, und in einem Verhältnis mit einer solchen Dynamik „gibt es keine isolierte Person.

[298] Schawohl 2009, S. 19
[299] Winkel 2007, S. 96

146

Der pädagogische Bezug kann vom Erzieher nicht er-
zwungen werden, die ‚schöpferische Kraft' des jungen
Menschen geht als aktives Moment in das Verhältnis
ein"[300], lässt sich dieses Miteinander eindeutig beschreiben.

Diesem Verständnis steht nun das zitierte Autoren-
team mit einem Verhaltenskatalog für sogenannte *Empfänger* im AAT gegenüber, gleichsam die Jugendlichen
sowie jungen Heranwachsenden, deren schöpferische
Kraft ja als *aktives Moment* in das Verhältnis eingebracht
wird – liegt hier doch eben die Nohl'sche Auffassung
zugrunde, der Teilnehmer möge zu seinen Möglichkeiten begabt werden, also die „Wendung an die Aktivität
im Zögling [gelingen, um] die Selbständigkeit wachzuru-
fen und den Willen zu gewinnen"[301]; nota bene: Die
Selbstständigkeit soll *wachgerufen* und der Wille *gewonnen*
werden – es geht nicht darum, den „'Willen zu brechen'"[302].

Gleichwohl wird dieser Prozess nun gestört, möglicherweise zerstört, sieht nämlich der erwähnte „Verhaltenskatalog für ‚Empfänger' [so] aus:

1. Arme nicht vor der Brust verschränken.

2. Beine nicht übereinander schlagen.

3. Körperachse immer zum Sender (zum Therapeuten) ausrichten.

4. Der Kopf des Empfängers muss sowohl horizontal
   als auch vertikal gerade ausgerichtet sein, damit

---

[300] Colla 1999, S. 348

[301] Nohl 1927, S. 79; zit. n.: Colla 1999, S. 351

[302] Plewig 2010, S. 160

der Blickkontakt zum Trainer (Sender) von diesem immer aufgebaut, gehalten und nachjustiert werden kann.

5. Der Teilnehmer darf nie mit dem Kopf schütteln und dadurch Missbilligung ausdrücken (Kritik kann er sich auf einem Zettel notieren). Nicken ist angesagt.

6. Blickkontakt zum Sender ist oberste Pflicht: Auch wenn ein anderer aus der Gruppe redet, muss der Empfänger' seine Körperachse und seinen Kopf sofort so umorientieren, dass er dem Sprechenden absolute und vorbehaltlose Aufmerksamkeit schenkt.

7. Einmal in der Minute sollten die Teilnehmer den Trainer/Sender anlächeln.

8. Der Oberkörper muss so flexibel sein, dass bei wichtigen Aussagen des Senders ein kurzes Nachvornekommen des Oberkörpers spürbar und damit Interesse für den Trainer ausgedrückt wird. Das feste Drücken des Rückens an die Stuhllehne würde ausdrücken: Du kannst machen, was du willst. Meine Körperhaltung ist zwar so wie du sie angeordnet hast, aber deine Botschaft kommt bei mir trotzdem nicht an. Ich wehre sie vor meiner Brust ab.

9. Das leichte Kopieren der Gestik des Trainers durch den Empfänger (Teilnehmer) mit den Händen wird eingeübt.

Die Vorteile einer derartig direktiven Ausrichtung des Empfängers liegen darin, dass er die Botschaften, die Message, besser in sich aufnehmen kann. Er behält mehr, er kann mehr umsetzen und er nimmt mehr mit aus dem Trainingsraum. Die Vorteile für den Sender liegen auf der Hand: Er refinanziert seine Energie, er fühlt sich wichtig und wirksam und innerhalb seiner Fähigkeitsbandbreite wird er zumeist seine beste Performance abliefern.

Letztlich entscheidet der Empfänger darüber, wie gut der Sender sendet"[303].

„Drastisch bis an die Grenze des Hinnehmbaren"[304] sei der Duktus hinsichtlich der Klientel-Zuschreibungen wird zu Recht angemerkt.

Zudem ruft die exponiert-egozentrische Selbstdarstellung verstörende Irritationen hervor. Ähnlich irritiert reflektiert ein Kursabsolvent seine Teilnahme an einem stationären AAT, das unter anderem Kommunikationsübungen zum Inhalt hatte, „in deren Zentrum Formen der Artikulation, der Kontaktaufnahme und der Selbstausstrahlung stehen. Sein Rückblick auf diese Erfahrung ist von Empörung und Ablehnung geprägt, und er weist jeden Erfolg dieser Maßnahme weit von sich. Die Botschaften, die bei ihm angekommen und haften geblieben sind, wie beispielsweise *immer freundlich sein* oder *immer jemanden angrinsen* [...], empören ihn noch nachträglich und rufen seine vehemente Verweigerung auf den Plan: *[W]enn ich den nicht angrinsen will, dann grinse ich den nicht an* oder *wenn ich da keinen Bock drauf hab, habe ich da keinen Bock drauf*. [...] Was auch immer sich im Kommunikationstraining für ihn und andere abgespielt haben mag, übrig bleibt eine trotzige und abwertende Haltung, nicht zuletzt gegenüber der Person des Trainers selbst. Aus

<hr>

[303] Heilemann/Fischwasser von Proeck 2001, S. 95/96

[304] Walkenhorst 2004, S. 55

Sicht des ehemals Inhaftierten hat dieser ,*voll eine an der Schüssel hat der. [...] Der braucht auch ein büschen Kommunikation braucht der mal'*"[305].

Es kann vermutet werden – und die vorab zitierte Einlassung untermauert diese Vermutung –, dass zumindest die eine oder andere Empfangsstörung auftreten könnte ob dieses katalogisierten Diktates des Senders. Diese Störungen, so ließe sich zudem spekulieren, könnten mitverantwortlich für die von Ohlemacher et al.[306] evaluierten Ergebnisse sein, die insbesondere weniger gute Resultate bei diesem TrainerInnen-Team gegenüber vergleichbaren Gruppen ausweisen – gleichwohl mag die Verwunderung darüber so groß nicht sein.

Solche Publikationen und Praxisvermittlungen führen bedauerlicherweise konnotativ dazu, dass hinsichtlich der Gesprächsführung generalisiert wird, dass ein „aggressiv-feindselige[r] Konfrontationsstil, der davon ausgeht, Persönlichkeiten erst zu brechen, damit sie ihre Abwehren aufgeben können, bevor sie wieder aufgebaut werden können (ein Muster [sei], das [...] übrigens auch in Varianten der Konfrontativen Pädagogik mit ,heißem Stuhl', harter Konfrontation u. a. wieder vorzufinden ist)"[307]. Ein solcher Kommunikationsstil wird jedenfalls vom Verfasser weder in Seminaren noch in Praxi vermittelt oder angewendet.

Walter kritisiert in seiner Replik auf die oben aufgeführten Passagen die gewaltaffine Sprache und führt an, dass es nicht gleichgültig sein könne, „welcher Rede- und

---

[305] Bereswill et al. 2007, S. 52 f.

[306] Ohlemacher et al. 2003, S. 112 ff.

[307] Widulle 2011, S. 45 f.

150

Denkweise wir uns öffentlich und erst recht gegenüber
den Jugendlichen und Heranwachsenden befleißigen"[308]
und wirft die Frage auf, inwieweit mittels eines Behand-
lungsprogrammes, welches schon durch die Gewalttätigkeit und das Imponiergehabe seiner Sprache auffällt, der
Gewaltkreislauf durchbrochen werden könne und fordert
demzufolge die Überprüfung von Anti-Gewalt-Program-
men hinsichtlich konzeptioneller, gedanklicher und
sprachlicher Gewaltfreiheit[309]. Um einen darin zum Ausdruck gebrachten Gedanken aufzugreifen, sei angemerkt:
„Wer die Sprache liebt, weiß, dass sie das menschlichste
am Menschen ist und dass sie darum auch der schreck-
lichste Ausdruck seiner Unmenschlichkeit werden kann:
Worte töten, Worte heilen"[310], bringt Heinrich Böll War-
nung sowie Hoffnung zum Ausdruck – und um zumindest die Bedenken zu teilen, vermutet der Verfasser aufgrund der möglichen Konnotationen ob der aufgeführten
Sprachgewalt des kritisierten und des zu kritisierenden
Autorenteams eine eher geringe heilende Wirkung, und
da die Sprache ein wesentliches Element der Formgebung
für eine Beziehungsentwicklung darstellt (Sprachverhalten wird „sowohl in formaler als auch in inhaltlicher Hinsicht [...] deutlich durch die Art des Sprachverhaltens
von erziehenden Erwachsenen [...] beeinflusst"[311]), ist der
hier vorgegebene Takt gegenüber den jungen Menschen
abzulehnen.

Gelingender erfolgt die Umsetzung, wenn der kommuni-
kationspsychologische Aspekt berücksichtigt wird, dass

---

308 Walter 1999, S. 24

309 Walter 1999, S. 26

310 Böll 1989, S. 5

311 Tausch/Tausch 1973, S. 79 f.

in jeder Kommunikation eine Art sur plus vorkommt, also eine Eigendynamik, „die nicht nur aus der Summe der Anteile der einzelnen Kommunikationspartner zu erklären ist"[312]; es ist anzunehmen, dass „einige individuelle Merkmale und Persönlichkeitsausrichtungen in nahezu jedem Interaktionsgefüge ‚durchschlagen'"[313].

Ein Kursabbrecher beschreibt dieses Phänomen mit den Worten, er müsse schon sagen, „dass das manchmal genervt hat, wenn Sie immer wieder gefragt und gemacht haben. Ich hab gesagt, Sie haben gefragt, ich sage wieder was, Sie fragen wieder was. Also, nervig war das manchmal so, **was** Sie gefragt haben, aber irgendwie gut war, **wie** Sie das gemacht haben – so, dass man trotzdem zugehört hat"[314]. Ein Absolvent konstatiert, es hätte „ja dann auch irgendwie Spaß gebracht. [...]. ...wenn das da so losging mit dem Reden und so . wir haben was gesagt und Sie haben dann was gesagt und immer wieder gefragt und gefragt und gefragt und so – immer hin und her – so battle-mäßig eben [...]. Sehen Sie , genau das meine ich: Sie fragen immer ganz genau und wissen dann auch immer, da geht noch irgendwas so. Genau, ja, also, was ich gelernt habe. Ja, eben dass man auch mal reden kann, so wie wir jetzt oder eben dass man sehen muss, dass man nicht gleich immer mitmacht, wenn irgendwo was geht, also auch mal ‚Nein' sagen können"[315].

Dieses ‚Auch-mal-reden-Können', ‚*so dass man trotzdem zugehört hat*', ist das Resultat einer dieses ermöglichenden Gesprächsatmosphäre. Um mit den jungen Menschen in

[312] Brunner et al. 1978, S. 52, zit. n.: Schulz von Thun 1997, S. 87

[313] Schulz von Thun 1997, S. 89; vgl. Zwiebel 2013

[314] Schawohl 2013, S. 158

[315] Schawohl 2013, S. 78 f.

ein dialogisch ausgerichtetes Gespräch treten zu können, gilt hinsichtlich der Haltung sowie des Verhaltens analog zum therapeutischen Gespräch, dass *„ich den gleichen Stuhl wie mein Partner [habe] (mein Stuhl ist nicht besser oder schlechter), wir sitzen auf gleicher Höhe, ich fühle mich also weder überlegen noch untertänig. ‚Der entscheidende Punkt ist, daß ich als Mensch einem anderen Menschen gegenüberstehe. Die Analyse ist ein Dialog, zu dem zwei Partner gehören. [Sie] sitzen sich einander gegenüber – Auge in Auge‘"*[316], um die konfrontativ-individualisierte Tatkommunikation, den sogenannten ‚heißen Stuhl‘ zu dialogisieren[317].

Die aus Sicht des Verfassers optimale Sitzanordnung für dieses Setting ist demzufolge in der Regel ein Stuhlkreis. Dadurch befinden sich alle Beteiligten im Kontakt und sind in das Geschehen, also den Verlauf der Handlung sowie der Kommunikation eingebunden. Dem entgegen steht eine Gruppenordnung, die es für die stattfindende Konfrontation vorsieht, die betreffende Person in der Mitte des Kreises Platz nehmen zu lassen[318]. Dies methodische Umsetzung erscheint als weniger probat, da ein Dialogisieren so nicht praktiziert werden kann.

Zudem können die Probanden nicht gezwungen werden, „sich physisch oder psychisch an der Leistungserbringung zu beteiligen. Deshalb ist die Qualität der Leistungen in hohem Maße mitbedingt durch die Kooperationswilligkeit des Klienten, aber auch durch seine

---

[316] Weber 2005, S. 49

[317] Dialog: […]: a.) von zwei Personen abwechselnd geführte Rede u. Gegenrede, Wechselrede; Ggs. Monolog […]; b.) Gespräch, das zwischen Gruppierungen geführt wird, um sich u. die gegenseitigen Standpunkte kennen zu lernen

[318] vgl. Kilb/Weidner 2013, S. 105

Kooperationsfähigkeit"[319]– das AAT-Team ist also „auf die aktive und bewusste Mitarbeit des Klienten angewiesen"[320]. Eine Sitzposition in der Mitte eines geschlossenen Kreise weist jedoch per se etwas Gezwungenes auf, so dass ein Kooperieren in dem Falle zumindest erschwert, wenn nicht verunmöglicht wird. *„Ihr ward in Ordnung. Heftig manchmal aber auch irgendwie. [...]. Na ja, wenn man auf dem ‚heißen Stuhl' war zum Beispiel. Das war schon ziemlich heftig wie das abging. [...]. Auch mit dem Wochenrückblick – das ist gut, wenn ihr da fragt, was los war und auch immer weiter fragt, wenn jemand nicht so richtig was erzählt und irgendwann denkt, das ist ok, wenn ich hier weiter laber, da macht dich keiner fertig, sondern die wollen dir helfen"*[321], wird ein AAT-Teilnehmer zitiert, oder die Gruppe wird als Schonraum wahrgenommen, da Verunsicherungen beseitigt und Anerkennung erlebbar werden, weil *„ich da gemerkt habe, dass ich nicht der einzige bin, der mal so Probleme zu Hause und dann in der Schule und so hatte. Ich hab erst gedacht, das kann ich hier nicht erzählen, weil die mich dann auslachen, aber war nicht so – im Gegenteil: Die haben ja dann sogar noch Applaus gegeben dafür. Danach konnte ich ja gar nicht mehr raus aus der Gruppe, also abhauen ging dann ja gar nicht mehr irgendwie danach"*[322], beschreibt ein Teilnehmer seine Erinnerung bei der Kursrückschau. Beide Statements bringen eine Atmosphäre zum Ausdruck, „in der Angst und Spannung und die daraus resultierenden [...] Fluchtgedanken abgebaut werden. Angesichts der Bejahung [...] können sich

---

[319] Badura/Gross 1976, S. 69

[320] Galuske 1999, S. 144

[321] Schawohl 2009, S. 22

[322] Schawohl 2009, S. 109 f.

Selbstverneinung und Selbstverachtung des Klienten auf Dauer nicht halten, ebenso wenig seine Angst"[323], so dass ein Gefühl der Zugehörigkeit und Sicherheit initiiert werden kann.

Bei aller Empathie und Emphase, die seitens des AAT-Teams vorhanden sein sollte, sei die Notwendigkeit einer „angemessenen und sachlich-distanzierten Terminologie"[324] betont. Diese Terminologie lässt die Klientel die Erkenntnis gewinnen, dass ihnen etwas für die Zukunft mit individueller Gültigkeit zuteil werden soll, wie ein 21-jähriger Teilnehmer bestätigt: *„Inzwischen hab ich mitbekommen, was sie hier von uns wollen: Wir sollen reden und uns vorher einen Kopf darüber machen, was alles passieren kann, wenn wir zuschlagen. Am Anfang hab ich gedacht, was wollen die denn von mir? Aber jetzt weiß ich das, und das ist auch in Ordnung so"*[325]; die Einschätzung eines 19-Jährigen lautet: *„Als ich Sie das erste Mal gehört habe, also Ihre Texte so, da hab ich gedacht: ‚Alter, was geht denn jetzt ab?' Aber trotzdem hab ich dann auch gedacht: ‚Alter, irgendwie passt das schon ganz gut und irgendwie stimmte das ja auch, was Sie so gesagt haben! Sie waren gut – und ich bin besser geworden!"*[326]. Diese jungen Heranwachsenden sind einen gut Schritt vorangekommen und lassen nachvollziehbar werden, was es meint, dass *„jedes Alter, jede Lebensstufe seine eigenen Vollkommenheit und seine eigene Reife [hat]"*[327].

Junge Menschen benötigen im pädagogischen Handeln Freiraum, um unter der Dominanz des Erwachsenen

---

[323] Weber 2005, S. 109 f.

[324] Walkenhorst 2004, S. 68

[325] Schawohl 2009, S. 113

[326] Schawohl 2009, S. 113

[327] Rousseau 1998, S. 149

eine Selbstständigkeit entfalten zu können, und dieser Freiraum wird geschaffen durch den pädagogischen Takt, der wiederum für den Erzieher respektive das AAT-Team eine Selbstkontrolle ermöglicht[328] – beides – der Freiraum für die Jungen sowie die Selbstkontrolle der Erwachsenen – scheint bei dem hier im Fokus stehenden TrainerInnen-Team zumindest eingeengt. Ohne diese Wesensmerkmale misslingt der pädagogische Beziehungsaufbau und somit entfällt die Voraussetzung, um „die natürlichen Kräfte im jungen Menschen zu wecken, zu fördern und gegebenenfalls zu leiten"[329]. In diesem Falle trägt eine solche Missachtung zur Generierung der erwähnten weniger guten Evaluationsergebnisse mehrerer AAT-Kurse bei. Diesbezügliches Fazit: „Hier ist der Kritik [...] am teilweise ausufernden aggressiven Sprachgebrauch und Etikettierungsverhalten einzelner Protagonisten konfrontativer Ansätze zuzustimmen"[330].

Zudem sind die Einlassungen Weidners zu beachten, da explizit darauf hingewiesen wird bezüglich der Medienarbeit sei weniger mehr, vielmehr entstünde eine kontraproduktive Wirkung, „wenn sie nur ein rein punitiv provokatives Bild der Programme zeichnet.

Begriffe wie

- Beziehungsaufbau,
- gegenseitiger Respekt,
- das Stopp-Recht, d.h. jede Sitzung jederzeit unterbrechen zu können,

---

[328] vgl. Colla 1999, S. 350

[329] Colla 1999, S. 347

[330] Walkenhorst 2004, S. 68

- die Interventionserlaubnis durch den Betroffenen an die Trainer, vor allem
- die Sympathie, die die Teams ihren Probanden entgegenbringen, gehen bei diesen knappen medialen Arbeitseinblicken verloren"[331].

Es möge nicht redundant erscheinen, wenn darauf hingewiesen wird, dass die Festschreibung des Stopp-Rechtes explizit im übersichtlichen Regelkatalog eines AATs erfolgt. Dieser Hinweis mag als überflüssig – eben wegen dieser Selbstverständlichkeit – betrachtet werden; allerdings gibt es Ausbilder für zertifizierte AAT/CT-Seminare, deren Auffassung lautet: „Das Stopp-Recht gibt es so nicht!" Einspruch: Doch! Dieses Stopp-Recht haben die Jugendlichen sowie jungen Heranwachsenden und darauf werden sie bereits im Vorgespräch hingewiesen.

Das Wissen um diese Regelung, so darf angenommen werden, ermöglicht und begünstigt für die Teilnehmer eine Thematisierung belasteter sowie belastender Inhalte und verschafft ein Gefühl von Sicherheit und Kontrolle und dadurch wiederum die Generierung dialogisch verwendbarer Gesprächsinhalte[332].

Die in der genannten Evaluation aufgeführten besseren Ergebnisse anderer AAT-Teams mögen unter anderem damit zu begründen sein, dass diese zertifizierten Teams einerseits die während der Ausbildung vermittelten Qualitätsstandards beachten und andererseits sich der Rolle ihrer Person sowie ihrer Verantwortlichkeiten für die Beziehungsarbeit bewusst sind. Das ist

---

[331] Weidner 2010, S. 79

[332] vgl. Krüger 2013, S. 146

vor allem insofern zu betonen, da die Bedeutung ambulanter Maßnahmen, insbesondere der primär erzieherischen Weisungen im Jugendstrafrecht, aus kriminologischer Sicht als besonders wirksam erachtet werden; so wird darauf hingewiesen, dass Rückfalluntersuchungen für sozialpädagogische Sanktionen deutlich bessere Ergebnisse hervorgebracht hätten als repressive Sanktionen. ‚Demnach „hat eine Erfolgskontrolle vom sozialen Trainingskurs und Arresteine signifikant geringere Rückfallquote für Teilnehmer des sozialen Trainingskurses ergeben, obwohl diese sogar höher vorbelastet waren"[333].

Ähnlich zuversichtlich sind neurobiologische Erkenntnisse, die dem AAT vor allem deswegen eine günstige Prognose stellen, Verhaltensmodifikationen zu bewirken, „weil es

- auf positive Emotionen setzt;
- vielfältige – sowohl bewusste wie unbewusste – Lernprozesse nach sich zieht;
- Verhaltensalternativen bietet;
- die Hirnebene verändert"[334].

Einen in Gang gesetzten Lernprozess schildert ein AAT-Absolvent in einem Interview, da er sich über das Team der TrainerInnen äußert: *„In manchen Situationen, wo es vielleicht zu Gewalttaten gekommen wäre, hab ich manchmal an das AAT gedacht – das war wie ein Reflex. Wenn jetzt irgendwo wieder was laufen sollte und ich stand dabei, dann hab ich so reflexmäßig gedacht: nicht schon wieder, nicht schon wieder. Jetzt lass ich das mal. [...]. Aber ich hab immer gesagt,*

[333] Ostendorf 2010, S. 103

[334] Markowitsch 2006

dass ich nicht wieder beim Richter sein will, und dann geht das wieder alles von vorne los so. [Dann denkst Du an die Trainer?] Also nicht so jetzt, dass ich immer denke, was würden die jetzt sagen, aber schon so, dass ich weiß, dass das nicht in Ordnung wäre, wenn ich da jetzt mitmachen würde – ihr seid so mein gutes Gewissen jetzt"[335].

Grundsätzlich stimmt: Gelungene Konfrontation provoziert prosoziales Verhalten

Bei seiner kritischen Einlassung gelangt Göppel unter anderem zu der Auffassung, dass das AAT, wie bereits vom Verfasser festgestellt, kein „Allheilmittel ist. Es gibt natürlich auch hier Enttäuschungen, Jugendliche, die das Training abbrechen, die sich strategisch durchmogeln, die rückfällig werden. Aber es scheint doch eine Form zu sein, welche jenen Jugendlichen, die sich auf therapeutische Prozesse im Sinne der Gesprächstherapie oder der Psychoanalyse kaum einlassen können, recht gut entspricht"[336]. Diese Vermutung korrespondiert mit der bereits vor über einem Jahrzehnt veröffentlichten reflektierenden Formulierung *„So hat noch nie einer mit mir gesprochen..."*[337] und bestätigt dadurch implizit die auch vom Verfasser favorisierte These, wonach das gesprochene Wort, inklusive der konfrontativ-individualisierten Tatkommunikation, die unabdingbare Basis für diese Arbeit generiert[338]. Nach einer anderen Einschätzung „ist die konfrontative Pädagogik in Form des Anti-Aggressivitäts-Trainings derzeit als einzige ernstzunehmende Trainingsmethode, neben dem reinen Wegsperren des Jugendstrafvollzuges, für [die] Klientel gewalttätiger Jugendlicher anzusehen"[339].

Bedenkenswerte sowie gehaltvolle Überlegungen für eine weiterführende Praxistauglichkeit lassen sich den

---

[336] Göppel 2010, S. 115

[337] Kilb/Weidner 2000, S. 379 ff.

[338] vgl. Krüger 2013

[339] Bärwald 2011, S. 16

„Anregungen zur Durchführung und Ausgestaltung von AATs"[340] entnehmen.

Es sei hier zudem das Ergebnis eines Arbeitskreises des 28. Deutschen Jugendgerichtstages erwähnt, da das Potential ambulanter Maßnahmen hervorgehoben wird; als unbestritten gilt danach die Annahme, dass diese auch in spezialpräventiver Hinsicht als überlegene Reaktionsform gegenüber den freiheitsentziehenden Maßnahmen gelten[341], was die oben erwähnte Feststellung Ostendorfs bestätigt.

Wie entspannt die Sichtweise eines Teilnehmers (19 Jahre) sich ausnimmt, soll anhand eines nach Absolvierung des AATs geführten Interviews dargestellt werden. Von den Aufgeregtheiten der Debatte im Kontext der zugrundeliegenden Konfrontativen Pädagogik ist bei den folgenden Einlassungen[342] gleichwohl nicht einmal konnotativ etwas nachzuvollziehen.

[Was hat für Dich dafür gesprochen, diesen AAT-Kurs durchzuführen?]

Also, erst mal wollte ich gucken, ob mir das wirklich was bringt. Und dann auch, da bin ich ganz ehrlich – ich wollte, dass die Bewährung endlich durch ist. Also dass die Auflage damit durch ist, ganz ehrlich.

[Wenn Du sagst, Du wolltest gucken, ‚ob Dir das was bringt' – was meint das genau?]

Ja, also gucken, ob das was bringt – also, ja, ganz platt

---

[340] Leutner 2010, S. 152 f.

[341] Ulrich 2010, S. 16

[342] Schawohl 2013, S. 77 ff.

gesagt: Ich wollte sehen, ob mir das was bringt, wenn ich wieder irgendwo Stress habe, also, ob ich dann wirklich sagen kann: So, jetzt erst mal ruhig bleiben und nicht gleich loslegen, weil es eigentlich gar nichts bringt – ja, genau.

[Was genau hast Du dafür durch das Training gelernt?]

Ja, also, ich sag mal so, meine persönliche Meinung ist: Es kommt darauf an, das, was man mitnimmt, auch umzusetzen – darauf kommt es an.

[Was meinst Du mit ,umsetzen'?]

Ja, so in Stresssituationen zum Beispiel, dass man dann wirklich mal Sachen nicht gleich so sieht, dass es dafür lohnt, was zu machen. Also die Einschätzung von so einer Situation, sich eben nicht provozieren lassen eben (lacht) – haben Sie ja auch gesagt, also, dass lieber andere rumhampeln sollen oder so, also, dass man sich da nicht zum Kasper machen soll und so – sehen Sie: Ich hab was gelernt beim AAT (lacht).

[Ist Dir das denn bisher gelungen, wenn es solche Situationen gab?]

Ja, bis jetzt bin ich ganz gut damit zurecht gekommen.

[Was ist denn jetzt anders als früher in solchen Situationen, in denen es sonst bei Dir öfter Stress gegeben hat?]

Ja, was ist anders? Also, ich weiß doch jetzt, was ich aufs Spiel setze: meine Freiheit. An so was hab ich früher gar nicht gedacht.

[Ok.]

[Wann hast Du die Entscheidung getroffen, diesen AAT-Kurs bis zum Ende durchzuführen?]

Von Anfang an (lächelt). Ja, das ist mir eigentlich schon klar, weil ich das auch will.

[Was meinst Du mit ,weil ich das auch will'?]

Ja, also auf jeden Fall die Bewährung endlich weghaben und endlich nicht mehr diesen ganzen Stress mit Polizei und Gericht und Anwalt und dies das. Und dann war ich auch einfach neugierig und hatte irgendwie Bock, das Training zu machen, so gut ich kann.

[Klingt ja irgendwie nach Ehrgeiz.]

Ja, klar (lacht). Hat ja dann auch irgendwie Spaß gebracht.

[Was denn zum Beispiel?]

Ja, also, das wissen Sie doch – wenn das da so losging mit dem Reden und so – wir haben was gesagt und Sie haben dann was gesagt und immer wieder gefragt und gefragt und gefragt und so – immer hin und her – so battle-mäßig eben – ja, das ging richtig gut so.

[Und gelernt hast Du auch noch was dabei.]

Kann man wohl sagen.

[Was denn zum Beispiel?]

(Lacht). Sehen Sie, genau das meine ich: Sie fragen immer ganz genau und wissen dann auch immer, da geht noch irgendwas so (lacht). Genau, ja, also, was ich gelernt habe. Ja, eben dass man auch mal so reden kann, wie wir jetzt oder eben das man auch mal sehen muss, dass man nicht gleich immer mitmacht, wenn irgendwo was geht, also auch mal ,Nein' sagen können.

[Gut so. Ok.]

[Warum hast Du Dich entschieden, diesen AAT-Kurs bis zum Ende durchzuführen?]

Ja, ganz klar: als erstes den Gerichtskram weg. Und so bei der Kursmitte etwa, da hab ich auch gemerkt, so die Themen, was man da so durchnimmt und so das Denken über diese Themen – das bringt doch was.

[Wie meinst Du das mit ‚das bringt doch was'?]

Ja, also, das ist so wie beim Karate: Man will immer bis zum Schluss dabei bleiben und muss immer gut aufmerksam sein so, und das war eigentlich so mein Interesse; und auch Ihr professionelles Arbeiten.

[Oh, fishing for compliments. Ok, was war denn Deiner Meinung nach 'professionell' an der Arbeit?]

Ja, also, man hat doch schon gemerkt, dass Sie das schon länger machen, also, dass Sie eben kein Anfänger sind, dem man irgendwas erzählen konnte und dann ist gut – hab ich ja schon gesagt: Sie haben nicht locker gelassen, wenn Sie gemeint haben, da fehlt noch was so. Ja, war professionell eben.

[Du warst zufrieden damit, ja?]

Kann man so sagen, ja (lächelt).

[Ok.]

[Wodurch bist Du angeregt (motiviert) worden, diesen AAT-Kurs bis zum Ende durchzuführen?]

Also, allergrößte Motivation war: Ich wollte nicht in den Knast, ganz klar, also draußen bleiben auf jeden Fall. Und dann eben auch der Versuch, was zu ändern.

[Was genau wolltest Du ‚ändern'?]

Ja, also, auch mal nachgeben können; und länger nachdenken, bevor ich was mache; und bei mir ist das jetzt auch so, dass ich mir sage, ich geh' jede Woche zum Boxtraining, und wenn ich mal irgendwie Ärger hab oder so, dann sag ich mir:

Ich kann da in den Ring steigen und da kann ich dann für mich vieles klären und das passt dann ganz gut.

[,Vieles klären' – ok, allerdings nicht alles.]

Ne, stimmt, aber mir reicht das schon, wenn ich das weiß, dass ich da hingehen kann.

[Ok. Dann die nächste Frage.]

[Welche Bedeutung hatte das TrainerInnenteam für Deine Entscheidung?]

Oh, schwierig, ja, also, Sie haben das gut gemacht auf jeden Fall (lächelt), ja, ich weiß, hab ich schon gesagt, aber soll jetzt auch kein Geschleime sein oder so. Ja, Sie waren irgendwie geheimnisvoll.

[,Geheimnisvoll' – wie meinst Du das?]

Ja, Sie haben immer noch ein Ass im Ärmel. Sie spielen uns mit Ihrem Gehirn aus (lächelt).

[Was Dir doch aber Spaß gebracht hat, oder?]

Klar doch (lächelt), hat ja auch Spaß gebracht.

[Ok, dann die letzte Frage.]

[Unter welcher/welchen Voraussetzung/en hättest Du diesen AAT-Kurs nicht beendet?]

Oh, weiß nicht. Fällt mir ehrlich gesagt gar nichts ein, keine Ahnung, weiß nicht, echt nicht.

[Ok, dann war's das. Vielen Dank, B.]

Dafür nicht. Wenn es Ihnen was gebracht hat, ist doch gut.

Für diesen Teilnehmer ist das Training scheinbar *eine Form gewesen, die ihm recht gut entsprochen*[343] haben mag, indem unter anderem die „Konfrontation als Impulssetzung zur Selbstverantwortung"[344] Wirksamkeit erzielt zu haben scheint. Um eine solche Entsprechung möglichst wahrscheinlich werden zu lassen, finden vor Beginn eines jeden AATs die erwähnten Vorgespräche statt, in denen neben der Motivation[345] eben auch zu prüfen ist, inwieweit es sich um das geeignete Angebot handelt. Somit muss im Vorgespräch den Jugendlichen und jungen Heranwachsenden die Darlegung des Kursverlaufs so verständlich nahe gebracht werden, dass die Option für einen in Aussicht stehenden Transfer der Trainingsinhalte in den jeweiligen Alltag vorstellbar und zudem als erstrebenswert erachtet werden kann, denn – hier sei der wiederholte Hinweis gestattet – die Trainingsteilnahme soll unter anderem eine Möglichkeit begünstigen, um individuell-bedeutsame Themen erkennen und ansprechen zu können, um somit einen perspektivischen Nutzen zu generieren, gleichsam ein legal-legitimierbares Entwicklungspotential zu wecken und zu begünstigen, um Voraussetzungen zu schaffen, „dass der junge Mensch sich zukünftig gesetzeskonform verhalten kann. Es wird unterstellt, dass der junge Mensch mit der ‚Welt', nicht nur mit dem eigenen Milieu auskommen will"[346].

---

343 Göppel 2010, S. 115

344 Kilb 2006, S. 281

345 vgl. Schawohl 2009

346 Colla 2007, S. 44

Epilog und Desiderat

Zu Beginn seiner Ausführungen während des 4. Norddeutschen Jugendgerichtstages introduzierte einer der Referenten: „Ich habe nun gerade gehört, wie ein Sozialer Trainingskurs in der Praxis durchgeführt wird[347]. Ich möchte dennoch meine Kritik aufrechterhalten"[348]. Die Darlegungen des Vorredners, die unter anderem den Kursverlauf, Regelwerk, Aspekte wie Wertschätzung und Beziehungsarbeit zum Inhalt hatten, fanden dabei keinerlei angemessene Beachtung – soviel Ignoranz muss man sich erst einmal trauen. Oder anders formuliert: „Wer [...] nur seinen eigenen Ansatz für richtig hält und die anderen ignoriert, gar verächtlich macht, betreibt Ideologie und beraubt sich der Chancen, die aus dem ,Sowohl-als-auch' entstehen, nicht aus dem ,Entweder-oder' [...]"[349]. Mit etwas mehr Offenheit und diskursiver Bereitschaft ließen sich gleichwohl weiterführende Fragestellungen thematisieren.

Bezogen auf das AAT stellt sich perspektivisch „die Frage, ob es unter Gesichtspunkten der Programmoptimierung nicht angezeigt ist, kleinschrittiger zu agieren, sprich curriculare Lernziele sowie deren Voraussetzungen in den Fokus von Evaluationen zu stellen. Einen ersten Schritt in diese Richtung ging [...] Schawohl (2009 [...]), indem er sich [...] mit der Frage nach den Aspekten auseinandersetzte, ,wie der Schritt von der sekundären zur primären Behandlungsmotivation (...) bei den

---

[347] Bezugnahme: Vortrag von Eckhoff 2008: Das Anti-Aggressivitäts-Training und das Coolness-Training

[348] Plewig 2008

[349] Winkel 2007, S. 77

Probanden gelingt oder eben misslingt"[350]. Weitere kleinere Schritte dieser Art könnten einerseits einen weiteren Erkenntnisgewinn generieren, andererseits einen dahingehenden Beitrag leisten, dass zunehmend Sachlichkeit statt Ideologie die Diskussion bestimmt, denn es bleibt dabei: „Nur mit Hilfe der hierbei engagiert und teilweise sogar vehement ausgetragenen Debatten und Diskurse konnte sukzessive eine neue Kontur (sozial-) pädagogischer Handlungspraxis entstehen, in der konfrontierende Verfahren und Haltungen schließlich immer mehr zu integrierten Bestandteilen wurden"[351].

Zum Ende sei eine weitere bedenkenswerte Einlassung angeführt, die besonnen und perspektivisch formuliert ist und die analog für die Arbeit mit der hier fokussierten Klientel bedeutsam erscheint, da es heißt: „Die Gesellschaft scheint gerade bei denen Zwang anwenden zu müssen, und ich meine müssen, bei denen die Chancen auf produktiven Gewinn durch Zwang eher niedrig und die Aussicht auf Widerstand besonders hoch ist. Das muss man sich mal in Ruhe durch den Kopf gehen lassen. Dann sieht man, vor welcher Aufgabe wir stehen als Richter, als Pädagogen, als Therapeuten, als Justizvollzugsbeamte. Die Aussicht, mit Zwang etwas Entwicklungsförderndes erreichen zu können, ist nicht besonders rosig. Und doch liegt hier auch eine Chance: Gleichzeitig sehnen diese Menschen sich in besonderem Maße nach Anderen, von denen sie sich führen lassen können, wenn sie diese selbst dazu ermächtigen, oder nach Formen der Anpassung, die sie selbst als sinnvoll und nicht als Unterwerfung ansehen müssen und nach guter Kooperation

[350] Leutner 2010, S. 145

[351] Weidner/Kilb 2011, S. 7

170

mit Personen, die sie achten können und von denen sie Anerkennung erfahren und annehmen können. Diese Personen könnten wir werden, wenn wir es denn schaffen, an sie anzukoppeln. Und man könnte noch einen Schritt weiter gehen: vielleicht fordern diese Menschen Zwang auch deswegen so hartnäckig heraus, weil sie selbst ahnen, dass sie in ihrer Entwicklung an diesem Thema hängengeblieben sind, und das dass Erleben von fairen Grenzsetzungen oder produktivem Zwang ihnen helfen könnte, aus dieser Sackgasse heraus zu kommen"[352]. Dieser Gedankengang lohnt einer genauen Betrachtung.

Ergänzend wird zu bedenken gegeben, wie konfrontative Methoden unter Motivationsaspekten zu bewerten sind[353].

An anderer Stelle[354] hat der Verfasser Motivationsfaktoren von AAT-Absolventen sowie von AAT-Abbrechern herausgearbeitet und evaluiert und daraus Schlussfolgerungen sowie Empfehlungen für die zukünftige praktische Arbeit skizziert, die hier verkürzt aufgeführt seien, um die Geeignetheit der fokussierten Maßnahme bezogen auf eine eng umschriebene Klientel zu manifestieren[355].

Die Selbstauskünfte der interviewten Probanden lassen den Schluss zu, dass die Teilnahme an einem AAT prospektiv-präventiven Nutzen hat, da die Analyse der Interviews mit den Absolventen ergibt, dass das in den Trai-

---

[352] Schwabe 2012, S. 74 f.

[353] Klug 2012, S. 341

[354] Schawohl 2009

[355] vgl. Schawohl 2011, S. 165 ff.

nings neu gelernte Verhalten zu weniger Stress führt
und das Handlungsrepertoire erweitert.

Vor einem jeden Trainingskurs sollten möglichst Vorgespräche mit den angemeldeten Probanden durchgeführt werden. Da ein früher Zeitpunkt der Entscheidungsfindung in Erfahrung gebracht werden konnte, ließe sich der Motivationsprozess dadurch begünstigend
beeinflussen, indem bereits explizit in diesem Vorgespräch von den Jugendlichen und jungen Heranwachsenden selbstformulierte motivationale Aspekte abgefragt
werden. Da zudem die Entscheidungsfindung der Kursabbrecher ebenso frühzeitig feststand, ließe sich somit
relativ frühzeitig eine arbeitsfähige Gruppe bilden.

Durch die Vorverlagerung dieses Entscheidungsprozesses
ließe sich somit die Integrationsphase intensivieren.

Diese Manifestierung ließe sich wiederum positiv nutzen,
indem sowohl der Faktor Gruppe als auch der Faktor
Team herausgestellt wird, da beide Items von den interviewten Probanden als begünstigende Wirkungsfaktoren
benannt worden sind.

Da ebenso gezeigt werden konnte, dass sowohl eine Intentionsbildung als auch eine Intentionsbindung durch
das AAT-Team positiv beeinflusst werden kann, wäre
daraus zu folgern, dass die Team-Kompetenz entscheidend durch die Qualität der Trainerinnen und Trainer
geprägt wird, was wiederum bedeutet, dass die Quali-
tätssicherung des Personals gleichzeitig die Qualitätssi-
cherung der Maßnahme selbst bedeutet.

Eindeutig haben die Interviews ergeben, dass die Erwartungshaltung der Teilnehmer eine zukunftsweisende
und zukunftsichernde Komponente hat: Es werden konkrete Vorteile durch AAT-Teilnahme erwartet.

Diese positive Erwartungshaltung, die sich durch reflektive Betrachtung der interviewten Absolventen bestätigt – Neu gelerntes Verhalten führt zu weniger Stress und erweitert das Handlungsrepertoire –, kann durch Thematisierung in den Vorgesprächen bereits dazu genutzt werden, eine zuversichtliche Erwartung zu bestätigen und zu bestärken. Dafür ließe sich beispielsweise mit geringem Aufwand ein Katalog mit den von den interviewten Probanden benannten Vorteilen anfertigen, um diese Einschätzungen zu visualisieren.

Eventuelle Zweifel ließen sich so während des Vorgespräches hinterfragen, um die Intentionsbildung ermöglichen zu können.

Es wäre somit ein Herausstellen der belegten positiven Wirkung des AATs anhand von authentischen Aussagen der Klientel für die Klientel.

Dafür wären zudem zwei der Motivationsfaktoren im Kontext zu exponieren: Haftvermeidung beziehungsweise Bewährungsstatus erhalten sowie die vernetzenden Aktivitäten.

Die Bedeutsamkeit des justiziellen Einflusses ist sehr wohl vorhanden – das belegen die Interviewaussagen der Absolventen ebenso wie jene der Abbrecher. Hier sei darauf verwiesen, dass Kooperationen mit der Justiz und auch mit entsprechend geschulten Personen der Polizei sich als praxistauglich erwiesen haben[356] und von AAT-Praktikern wohlwollend als prospektiv-präventive Bereicherung zu betrachten sein können, wenn es denn den für die Probanden positiven Effekt unterstützt.

---

[356] vgl. Jetter-Schröder 2004, S. 211 ff.

Ebenso haben die Interviews ergeben, dass ein Aspekt bedeutende motivationale Wirkung hat: Ressourcenaktivierung eröffnet perspektivischen Nutzen und ermöglicht die Stabilisierung einer erlebten Anerkennung.

Die Annahme von ressourcenorientierter Förderung, indem zum Beispiel ein monatliches Aktivitätsrating erstellt wird, ist als eindeutiger Motivationsfaktor herauskristallisiert worden. Auf die Durchführung dieses sogenannten Aktivitätsratings werden die angemeldeten Probanden bereits im Vorgespräch hingewiesen, so dass hier aufgegriffen wird, was in einer anderen Arbeit als Überlegung in Betracht gezogen worden ist, nämlich „die Wichtigkeit begleitender Unterstützung für die Teilnehmer parallel zu den Trainingsmaßnahmen [zu] formulieren"[357]. Die Akzeptanz für das Wagnis, eine zeitlich begrenzte konfrontativ-pädagogische Beziehung einzugehen, wird ermöglicht, indem die Jugendlichen und jungen Heranwachsenden nicht auf ihre deviant-delinquenten Verhaltensweisen reduziert werden.

Als sinnvoll vernimmt sich die Auffassung eines Jugendrichters, der explizit formuliert: „‚Bis hinters Komma will ich meine Auflagen erfüllt haben.' [...] Trotz aller Ruhe und Freundlichkeit glaubt man ihm sofort, dass es niemandem gelingt, sich aus seinen Verfahren herauszumogeln"[358], lässt sich eine klare Linie mit Herz erkennen. Dabei gilt: Die Befolgung justizieller Vorgaben muss durch die Justiz eingefordert werden und kann nicht zu Lasten der Jugendhilfe an diese delegiert werden, weil diese keine Sanktionierungsaufgaben wahrzunehmen hat, sondern lediglich im Rahmen des Jugendgerichtsgesetzes

[357] Schanzenbächer 2003, S. 275

[358] Louwien 2006, S. 4

174

zuvor ausgesprochene Maßnahmen ermöglichen kann. Anderenfalls würde die Arbeit der Justiz unglaubwürdig und die der Jugendhilfe erschwert oder verunmöglicht. Nachteile entstünden für die Justiz, für die Jugendhilfe und für die Jugendlichen sowie die jungen Heranwachsenden.

Um den Jugendlichen und jungen Heranwachsenden die Teilhabe und Teilnahme am gesellschaftlichen Leben ermöglichen und ihnen diese Verantwortung übertragen und überlassen zu können, ist zunächst die Verantwortung und Verantwortlichkeit der Erwachsenen vorauszusetzen. Die von den Abbrechern genannten Faktoren, die eine Teilnahme verunmöglichen, lassen die Vermutung zu, dass die Anzahl an ungünstigen Faktoren entscheidend dazu beiträgt, inwieweit eine motivierende Arbeit für eine Teilnahme dennoch gelingen kann. Je weniger Negativeinflüsse vorhanden sind, desto eher ließe sich eine Intentionsbildung hinsichtlich einer Bereitschaft zur Kursabsolvierung ermöglichen.

Auch diese Bedingungsfaktoren lassen sich im Vorgespräch betrachten und werden bereits durch das Einladungsschreiben für das Vorgespräch implizit thematisiert.

In diesem Zusammenhang wäre zu überdenken, wie durch die Jugendhilfe für die Klienten, die für diese Maßnahme nicht zu motivieren sind, alternative Angebote unterbreitet werden können, die einen verantwortlichen, verantwortungsvollen und verantwortungsbewussten Umgang erkennen lassen.

Das Angebot, so scheint es, wird von der Klientel akzeptiert und bei professioneller Umsetzung wertgeschätzt.

Als besonders erfreulich empfindet es der Verfasser, dass die interviewten jungen Menschen vielfach zum Ausdruck gebracht haben, dass ihnen durch dieses Angebot der konfrontativen Pädagogik ein Erlebnis zuteil geworden ist, das die Erfüllung von Grundbedürfnissen bedeutet, da Flitner als solche benennt: „Sich selbst als einen Menschen erfahren, der eine Bedeutung hat, der etwas ausrichten kann, der anderen Menschen wichtig ist"[359], um dann mit Nohl fortzufahren: „Es gibt kein größeres pädagogisches Unglück in der Entwicklung des Menschen, als wenn ihm diese Selbstachtung verloren geht"[360].

Ein Mehr an Selbstachtung kann dazu führen, andere mehr zu achten. Die bisherigen Erkenntnisse lassen die Vermutung zu, dass die Motivationsarbeit für eine Teilnahme am Anti-Aggressivitäts-Training dafür einen wertvollen Beitrag leisten kann.

Göppel hält „für diesen besonderen Adressatenkreis und unter den genannten kontextuellen Voraussetzungen, diese spezielle Form ‚konfrontativer Pädagogik' durchaus für der Rede wert"[361].

So macht es Sinn: Bezogen auf diesen Kontext für diese Klientel bietet das AAT eine geeignete Möglichkeit, um angemessen perspektivische Wirkung entfalten zu können – mehr nicht, allerdings auch nicht weniger.

Als angemessene und gleichsam mit versöhnlicher Absicht formulierte Schlusssentenz mögen vier Gedanken zitiert werden, da zum einen mit Hesse bedacht wird:

---

[359] Flitner 1992, S. 166

[360] Nohl 1927, S. 112; zit. n.: Flitner 1992, S. 166 f.

[361] Göppel 2010, S. 116

„Gegen die Infamitäten des Lebens sind die besten Waffen: Tapferkeit, Eigensinn und Geduld. Die Tapferkeit stärkt, der Eigensinn macht Spaß, und die Geduld gibt Ruhe"[362], zum anderen darf mit Schlegel sinniert werden: „Das Nichtverstehen kommt meistens garnicht vom Mangel an Verstand, sondern vom Mangel an Sinn"[363], und abschließend mag mit Walkenhorst sowie Krüger angeregt werden, „eine den Aufgeregtheiten der Alltagsdiskussionen gegenläufige Diskussion ingang zu bringen, die zu einer Relativierung der Glaubensstreitigkeiten und Versachlichung der Debatte beiträgt sowie klare Positionierungen ermöglicht"[364], und jene, „die der Konfrontativen Pädagogik gegenüber skeptisch sind, können vielleicht erkennen (wenn sie es denn zulassen wollen), dass einige ihre[r] liebevoll gepflegten Urteile eigentlich Vorurteile sind"[365].

Eventuell tragen diese Gedanken einen anregenden Teil dazu bei, dass man sich besserer Erkenntnis folgend an der einen oder anderen Stelle bedenkt und möglicherweise korrigiert.

[362] Hesse 1992, S. 96

[363] Bergmann 2003, o. S.

[364] Walkenhorst 2004, S. 85

[365] Krüger 2013

Literatur

Ahrbeck, B. (2004): Kinder brauchen Erziehung. Die vergessene pädagogische Verantwortung. Stuttgart.

Ahrbeck, B./Winkler, D. (2010): Denn sie wissen nicht, was sie tun. Die Konfrontative Pädagogik und das väterliche Prinzip. In: Dörr, M./Herz, B. (Hrsg.): a. a. O., S. 87 – 100.

Albrecht, H.-J. (2003): Forschungen zur Implementation und Evaluation jugendstrafrechtlicher Sanktionen. In: ZJJ 3/2003, S. 224 – 233.

Albrecht, P.-A./Lamnek, S. (1979): Jugendkriminalität im Zerrbild der Statistik. München.

Ansen, H. (2011): Methodik der Sozialen Beratung zwischen Wissen und Können. In: Standpunkt: sozial 2 + 3, S. 18 – 32.

Badura, B./Gross, P. (1976): Sozialpolitische Perspektiven. Eine Einführung in Grundlagen und Probleme sozialer Dienstleistungen. München.

Bandura, A. (1979): Aggression: eine sozial-lerntheoretische Analyse. Stuttgart.

Bärwald, C. (2011): Konfrontative Pädagogik – Konfliktarbeit mit jugendlichen Gewalttätern am Beispiel des Coolness-Trainings und des Anti-Aggressivitäts-Trainings. Norderstedt.

Baumeister, R. F. (2013): Vom Bösen. Warum es menschliche Grausamkeit gibt. Bern.

Becker, S. (2005): Eine Bemerkung zur sogenannten ‚Konfrontativen Pädagogik'. In: Behindertenpädagogik Heft 4, S. 339 – 342.

Bereswill, M./Döll, M./Koesling, A./Neuber, A. (2007): „Ich weiß gar nicht, warum die das mit mir machen" – Sozialtherapeutische Behandlungsmaßnahmen aus Sicht inhaftierter junger Männer. In: ZJJ 1, S. 48 – 55.

Bergmann, F. (Hrsg.) (2003): Heute Mensch sein. Freiburg im Breisgau.

Boeger, A. (Hrsg.) (2011): Jugendliche Intensivtäter. Wiesbaden 2011.

Böhnisch, L. (1999): Abweichendes Verhalten. Eine pädagogisch-soziologische Einführung. Weinheim und München.

Böll, H. (1989): Worte töten, Worte heilen. Gedanken über Lebenslust, Sittenwächter und Lufthändler. Ausgewählt und zusammengestellt von Daniel Keel. Zürich.

Bollnow, O. F. (2000): Pädagogische Anthropologie als Integrationskern der allgemeinen Pädagogik. In: Flitner, A./Scheuerl, H. (Hrsg.): a. a. O., S. 196 – 207.

Brantschen, N. (2005): Vom Vorteil, gut zu sein. Mehr Tugend – weniger Moral. München.

Buber, M. (1953): Reden über Erziehung. Heidelberg.

Büchner, R. (2005): Gewalt fordert uns in der Haltung heraus! In: Friedrich-Ebert-Stiftung (Hrsg.): Konfrontative Pädagogik. Neue Handlungsstrategien im Umgang mit Kindern und Jugendlichen als Täter und Opfer in einer Erziehenden Schule. Dokumentation zur Fachtagung am 26. April in der Friedrich-Ebert-Stiftung Berlin. Berlin, S. 41 – 57.

Buhr, M. (Hrsg.) (1990): Weisheiten. Zeugnisse philosophischer Weisheit aus zweieinhalb Jahrtausenden. Leipzig.

Bundesministerium des Innern (Hrsg.) (2014): Polizeiliche Kriminalstatistik 2013. Berlin.

Colla, H. E. (2007): Konfrontative Pädagogik – Impulse der Glen Mills School und Chance ihrer Übertragbarkeit. In: Hörmann, G./Trapper, T. (Hrsg.): a. a. O., S. 33 – 74.

Ders. (2001): Glen Mills Schools. In: Colla, H. E./Scholz, C./Weidner, J. (Hrsg.): a. a. O.: S. 55 – 92.

Ders. (1999): Personale Dimension des (sozial-)pädagogischen Könnens – der pädagogische Bezug. In: Colla, H. E./Gabriel, T./Millham, S./Müller-Teusler, S./ Winkler, M. (Hrsg.): Handbuch Heimerziehung und Pflegekinderwesen in Europa, S. 341 – 362. Neuwied.

Colla, H. E./Scholz, C./Weidner, J. (Hrsg.) (2001): „Konfrontative Pädagogik": Das Glen Mills Experiment. Mönchengladbach.

Cremer-Schäfer, H. (2010): Die Jugendkriminalitätswelle und andere Kriminalisierungsereignisse. In: Dollinger, B./Schmidt-Semisch, H. (Hrsg.): a. a. O.: S. 187 – 201.

Dörr, M. (2010): Über die Verhüllung der Scham in der spätmodernen Gesellschaft und ihre Auswirkungen auf die pädagogische Praxis. In: Dörr, M./Herz, B. (Hrsg.): a. a. O., S. 191 – 207.

Dörr, M./Herz, B. (Hrsg.) (2010): „Unkulturen" in Bildung und Erziehung. Wiesbaden.

Dollinger, B. (2010): Jugendkriminalität als Kulturkonflikt. Wiesbaden.

Dollinger, B./Schmidt-Semisch, H. (Hrsg.) (2010): Handbuch Jugendkriminalität. Wiesbaden.

DUDEN (2011): Das Fremdwörterbuch. Mannheim, Zürich.

Deutsche Vereinigung für Jugendgerichte und Jugendge-
richtshilfen e.V. (2013): Veranstaltungskalender 2014.

Dies. (2012): Veranstaltungskalender 2013.

Eckhoff, U. (2008): Das Anti-Aggressivitäts-Training und
das Coolness-Training. Vortrag beim 4. Norddeutschen
Jugendgerichtstag am 15.09.2008 in Hamburg.

Emig, O. (2010): Kooperation von Polizei, Schule, Jugendhilfe und Justiz – Gedanken zu Intensivtätern, neu-
en Kontrollstrategien undKriminalisierungstendenzen. In:
Dollinger, B./Schmidt-Semisch, H. (Hrsg.): a. a. O.: S. 149
– 155.

Feuerhelm, W./Eggert, A. (2007): Evaluation des Anti-
Aggressivitäts-Trainings und des Coolness-Trainings.
Mainz.

Fischer, M./Röttger, M. (2007): „Er bereitet sich auf ein
anderes Leben vor". Interview mit Rolf Becker. In: Hamburger Abendblatt Sonntags vom 11.02., S. 4/5.

Flitner, A. (2004): Konrad, sprach die Frau Mama…
Über Erziehung und Nicht-Erziehung. Weinheim und
Basel.

Ders. (1992): Reform der Erziehung. Impulse des 20. Jahrhunderts. München.

Flitner, A./Scheuerl, H: (Hrsg.) (2000): Einführung in pädagogisches Sehen und Denken. Weinheim und Basel.

Fritsch, K. (2011): Anforderungen an die Jugendhilfe im
Umgang mit jugendlichen Intensivtätern/-innen. In: Boeger, A. (Hrsg.): a. a. O., S. 19 – 41.

Fröhlich-Gildhoff, K. (2006): Freiburger Anti-Gewalt-
Training (FAGT). Stuttgart.

Galuske, M. (1999): Methoden der Sozialen Arbeit. Eine Einführung. Weinheim und München.

Giesecke, H. (1999): Die pädagogische Beziehung. Weinheim und München.

Ders. (1996): Das „Ende der Erziehung". Ende oder Anfang pädagogischer Professionalisierung? In: Combe, A./Helsper, W. (Hrsg.): Pädagogische Professionalität. Untersuchungen zum Typus pädagogischen Handelns. Frankfurt am Main, S. 391 – 403.

Göppel, R. (2010): Kulturen und „Unkulturen" des Grenzensetzens in der Pädagogik. In: : Dörr, M./Herz, B. (Hrsg.): a. a. O., S. 101 – 118.

Ders. (2002): „Wenn ich hasse, habe ich keine Angst mehr…" Psychoanalytisch-pädagogische Beiträge zum Verständnis problematischer Entwicklungsverläufe und schwieriger Erziehungssituationen. Donauwörth.

Goethe, v., J. W. (1984): Faust. Der Tragödie erster Teil. München.

Ders. (1982): Gedichte. Maximen und Reflexionen. Von deutscher Baukunst. Einfache Nachahmung der Natur, Manier, Stil. Über den Granit. Berlin.

Guggenbühl, A. (2011): Was ist mit unseren Jungs los? Freiburg im Breisgau.

Hassemer, W. (2009): Warum Strafe sein muss. Berlin.

Heilemann, M./Fischwasser-von Proeck, G. (2012): Ausschreibung Zivilcourage-Seminar vom 8. Bis 10. Oktober 2012.

Dies. (2001): Gewalt wandeln. Lengerich.

Dies. (1998): Kampagne gegen Gewalt. In: ZfStrVo 4, S. 228 – 231.

Hein, K. (2011): Rechtswissenschaftliche Aspekte konfrontativen Handelns. In: Weidner, J./Kilb, R. (Hrsg.): a. a. O., S. 58 – 69.

Ders. (2006): Rechtliche Grenzen von Anti-Aggressivitäts-Trainings. Münster.

Heitmeyer, W./Imbusch, P. (Hrsg.) (2012): Desintegrationsdynamiken. Integrationsmechanismen auf dem Prüfstand. Wiesbaden.

Helfferich, C. (2004): Die Qualität qualitativer Daten. Wiesbaden.

Hertzer, K. (2002): Was ist eine gute Therapie? In: PSYCHOLOGIE HEUTE 11, S. 47 – 49.

Herz, B. (2005): Ist die ‚Konfrontative Pädagogik' der Rede wert? In: Behindertenpädagogik Heft 4, S. 355 – 373.

Hesse, H. (1998): Die Romane und die großen Erzählungen. Siebter Band: Das Glasperlenspiel I. Frankfurt/Main.

Ders. (1992): „Eigensinn macht Spaß". Zusammengestellt von Volker Michels. Frankfurt.

Hestermann, T. (Hrsg.) (2012): Von Lichtgestalten und Dunkelmännern. Wiesbaden.

Heuer, S. (2012): Konfrontative Pädagogik als Risikoprävention. In: ZJJ 2, S. 195 – 202.

Hörmann, G. (2007): Konfrontative Pädagogik –„Alter Wein in neuen Schläuchen?". In: Hörmann, G./Trapper, T. (Hrsg.): a. a. O.: S. 5 – 31.

Hörmann, G./Trapper, T. (Hrsg.) (2007): Konfrontative Pädagogik im intra- und interdisziplinären Diskurs. Baltmannsweiler.

Homepage Institut für Konfrontative Pädagogik Deutschland (IKD) (2013): Anti-Aggressivitäts-Training (AAT®). Stand: 12.05.2014.

Hoppe, O. (2009): Vertrauen. In: Meyer, C./Tetzer, M./Rensch, K. (Hrsg.): Liebe und Freundschaft in der Sozialpädagogik. Personale Dimension professionellen Handelns. Wiesbaden, S. 135 -155.

Jehn, O. (2003): Das AAT/CT im Spiegel der sozialwissenschaftlichen Fachdiskussion. In: Weidner, J./Kilb, R./Jehn, O. (Hrsg.): Gewalt im Griff Band 3, S. 77 – 83.

Jetter-Schröder, M. (2004): Eingreifen hilft! Ein Interventionsprogramm für verhaltensauffällige Schülerinnen (InvaS). Ein Kooperationsprojekt von Jugendamt und Staatlichem Schulamt und Polizeipräsidium Mannheim. In: Weidner, J./Kilb, R. (Hrsg.): a. a. O., S. 211 – 221.

Kähler, H. (2005): Soziale Arbeit in Zwangskontexten. Wie unerwünschte Hilfe erfolgreich sein kann. München.

Kilb, R. (2011): Die Bedeutung des biografischen Arbeitens in der Konfrontativen Pädagogik. In: Weidner, J./Kilb, R. (Hrsg.): a. a. O.: S. 208 – 211.

Ders. (2011): Begriffsverständnis und Platzierung „Konfrontativer Pädagogik" im gesellschaftlichen Diskurs. In: Weidner, J./Kilb, R. (Hrsg.): a. a. O., S. 30- 46.

Ders. (2011): ‚Konfrontative Pädagogik' als professionelle Balance zwischen Verstehen und Grenzen setzender Intervention. In: Boeger, A. (Hrsg.): a. a. O., S. 59 – 83.

Ders. (2006): Offensichtlich ja! Eine Antwort auf Birgit Herz „Ist Konfrontative Pädagogik der Rede wert?" In: ZJJ 3, S. 278 – 286.

Ders. (2004): „Konfrontative Pädagogik" – aus der Ausbildungsperspektive betrachtet. In: Unsere Jugend 3, S. 107 – 115.

Kilb, R./Weidner, J. (Hrsg.) (2013): Einführung in die Konfrontative Pädagogik. München.

Dies. (2010): Möglichkeiten und Grenzen des Anti-Aggressivitäts- und Coolness-Trainings – Aktuelle Auswertungen. In: Weidner, J./Kilb, R./Jehn, O. (Hrsg.): a. a. O., S. 85 – 100.

Dies. (2005): Offensichtlich ja! Konfrontative Pädagogik ist wertvoll! Eine Antwort auf B. Herz: Ist Konfrontative Pädagogik der Rede wert? Typoskript.

Dies. (2004): Konfrontative Pädagogik. Wiesbaden 2004.

Dies. (2001): Hintergründe verstehen – Taten verurteilen – Täter konfrontieren: Das Anti-Aggressivitätstraining. In: Theorie und Praxis der Sozialen Arbeit 5, S. 174 – 181.

Dies. (2000): „So hat noch nie einer mit mir gesprochen…". In: DVJJ-Journal 4, S. 379 – 384.

Klug, W. (2012): „Motivationsarbeit" – Theoretische Grundlagen und praktische Folgerungen der Motivationsarbeit in Zwangskontexten. In: Bewährungshilfe 4, S. 325 – 344.

Köhler, D. (2009): Behandlungsprogramme für jugendliche und heranwachsende Straftäter. In: Cornel, H./ Kawamura-Reindl, G./ Maelicke, B./Sonnen, B. R. (Hrsg.): Resozialisierung. Baden-Baden, S. 413 – 421.

König, E./Zedler, P. (2002): Theorien der Erziehungswissenschaft. Weinheim und Basel.

Krafeld, F. J. (2006): Akzeptieren und Konfrontieren, nicht: oder! In: Sozialextra Juli/August, S. 36.

Krasmann, S. (2000): „Gouvernementalität der Oberfläche: Aggressivität (ab-) trainieren beispielsweise. In: Bröckling, U./Krasmann, S./Lemke, T. (Hrsg.): Gouvernementalität der Gegenwart: Studien zur Ökonomisierung des Sozialen, S. 194 – 226. Frankfurt am Main.

Kraus, W. (Hrsg.) (2005): Denken mit Voltaire. Zürich.

Krüger, A. (2013): Traumatisierte Jugendliche mit gewalterfahrungen – Ergibt die Psychotraumatologie neue Aspekte für das Thema Gewalt in Jugendhilfe und Rechtsprechung? In: ZJJ 2, S. 145 – 154.

Krüger, G. (2013): Rezension vom 16.08.2013 zu: Horst Schawohl: Kommunikation als motivationaler Faktor für die Arbeit mit gewaltbereiten Jugendlichen. In: socialnet Rezensionen.

Ders. (2011): Soziale Gruppenarbeit und Konfrontative Pädagogik. In: Weidner, J./Kilb, R. (Hrsg.): a. a. O., S. 350 – 374.

Kunstreich, T. (2006): Was bewirken Anti-Gewaltprogramme? In: Sozialextra Juli/August, S. 34/35.

Ders. (2003): Der Kaiser ist ja nackt! In: Sozialextra April, S. 41/42.

Ders. (2000): antiGEWALTiges Training. In: Sozialextra Mai/Juni, S. 35 – 39.

Kurzberg, B. (2009): Jugendstrafe aufgrund schwerer Kriminalität. Freiburg i. Breisgau; Berlin.

Landeskriminalamt Niedersachsen, Dezernat 32 (Hrsg.) (2013): Polizeiliche Jugendsachbearbeitung und -Präventionsarbeit in Niedersachsen. Hannover.

Lehnert, S. (2013): „Effektiver urteilen". In: Die Welt Kompakt vom 10.09., S. 31.

Lenz, S. (2012): Amerikanisches Tagebuch. Hamburg.

Ders. (2011): Das Interview. In: Die Maske, S. 105 – 123. Hamburg.

Ders. (2006): Gnadengesuch für die Geschichte. In: Ders.: Selbstversetzung. Hamburg, S. 85 – 88.

Ders. (1992): Über das Gedächtnis. In: Über das Gedächtnis. Reden und Aufsätze. Hamburg, S. 7 – 19.

Leutner, C. (2010): Praxisevaluation auf dem Prüfstand am Beispiel von Gewaltpräventionsprojekten. Norderstedt.

Liebsch, K. (2012): Risikolagen: Gewalt gegen sich selbst und gegen andere. In: Dies. (Hrsg.): Jugendsoziologie. München, S. 177 – 207.

Louwien, L. (2006): „Denen ist im Leben nichts Gutes widerfahren". In: Hinz und Kunzt 158, S. 4/5.

Lyotard, J.-F. (1987): Der Widerstreit. München.

Maelicke, B. (1988): Ambulante Alternativen zum Jugendarrest und Jugendstrafvollzug. Weinheim.

Markowitsch, H. (2006): „Aggression und Gehirn – genetische und soziokulturelle Prägungen menschlichen Verhaltens: Welche Möglichkeiten bietet das AAT® aus Sicht der Gehirnforschung, gewaltorientiertes Verhalten zu ändern?". Vortrag anlässlich der Fachtagung: Das Anti-Aggressivitäts-Training (AAT/CT®): Bundesweite Fachtagung zu Methoden, Erfahrungen und Perspektiven. Frankfurt a. M. 08.11.2006.

Mollenhauer, K. (2000): Kinder und ihre Erwachsenen. In: Flitner, A./Scheuerl, H. (Hrsg.): a. a. O., S. 66 – 75.

Morath, R./Rau, S./Rau, T./Reck, W. (2004): Schlaglos Schlagfertig. München.

Müller, A. (2013): Schluss mit der Sozialromantik! Ein Jugendrichter zieht Bilanz. Freiburg im Breisgau.

Naplava, T. (2010): Jugendliche Intensiv- und Mehrfachtäter. In: Dollinger, B./Schmidt-Semisch, H. (Hrsg.): a. a. O., S. 293 – 306.

Nohl, H. (1949): Gedanken für die Erziehungstätigkeit des Einzelnen mit besonderer Berücksichtigung der Erfahrungen von Freud und Adler (1926). In: Nohl, H.: Pädagogik aus 30 Jahren. Frankfurt am Main, S. 151 ff.

Ders. (1927): Jugendwohlfahrt. Sozialpädagogische Vorträge. Leipzig.

Ohlemacher, T./Sögding, D./Höynck, T./Ethné, N./Welte, G. (2003)/(2010): „Nicht besser, aber auch nicht schlechter": AAT und Legalbewährung. In: Weidner, J./Kilb, R./Jehn, O. (Hrsg.): a. a. O., S. 112 – 128.

Ostendorf, H. (2012): Jugendstrafrecht und Verfassung. In: ZJJ 3, S. 240 – 245.

Ders. (2010): Strafverschärfungen im Umgang mit Jugendkriminalität. In: Dollinger, B./Schmidt-Semisch, H. (Hrsg.): a. a. O., S. 91 – 104.

Permien, H. (2013): Freiheitsentziehende Maßnahmen: Last Exit der Jugendhilfe? In: ZJJ 2, S. 189 – 195.

Dies. (2010): Freiheitsentziehende Maßnahmen in der Kinder- und Jugendhilfe – Kultur aus der Unkultur? In: Dörr, M./Herz, B. (Hrsg.): a. a. O., S. 53 – 67.

Petry, J. (1993): Behandlungsmotivation. Grundlagen und Anwendungen in der Suchttherapie. Weinheim.

Plewig, H.-J. (2013): Rezension: Handbuch Konfrontative Pädagogik. In: ZJJ 1, S. 84 – 87.

Ders. (2010): ‚Konfrontative Pädagogik'. In: Dörr, M./Herz, B. (Hrsg.): a. a. O., S. 151 – 168.

Ders. (2010): „Konfrontative Pädagogik". In: Dollinger, B./Schmidt-Semisch (Hrsg.): Handbuch Jugendkriminalität. Wiesbaden, S. 427 – 439.

Ders. (2008): Konfrontative Pädagogik auf dem Prüfstand. Vortrag beim 4. Norddeutscher Jugendgerichtstag am 15.09.2008 in Hamburg.

Ders. (2007): Neue deutsche Härte – Die „Konfrontative Pädagogik" auf dem Prüfstand (Teil 1). In: ZJJ 4, S. 363 – 369.

Ptucha, J./Scharnowski, R. (2006): „Trainings gegen Gewalt – Viel Lärm um nichts?" In: Forensische Psychiatrie und Psychotherapie: Werkstattschriften, Heft 1, S. 97 – 116.

Reissner, B. (2004): Unbeschulbare GrundschülerInnen gibt es nicht. In: Kilb, R./Weidner, J. (Hrsg.): a. a. O.: S. 197 – 209.

Rennings, v., H./Kotter, M. (2003): Abschlussbericht „Evaluation Sozialer Trainingskurse für jugendliche Gewalttäter". Hamburg.

Robertz, F. J./Wickenhäuser, R. (2010): Kriegerträume. Warum unsere Kinder zu Gewalttätern werden. München.

Rödler, P. (2005): Alternative zur ‚Kusstherapie'? In: Behindertenpädagogik Heft 4, S. 343 – 355.

Röskens, K. (2011): Das Modul des „Heißen Stuhls" in der Praxis. In: Weidner, J./Kilb, R. (Hrsg.): a. a. O., S. 147 – 156.

Rousseau, J.-J. (1998): Emil oder: Über die Erziehung. Paderborn.

Rückert, S. (2011): Zur falschen Zeit am falschen Ort. In: Zeit-Magazin Nr. 5, S. 10 – 18.

Rzepka, D. (2005): Anti-Aggressivitäts-Training – Anmerkungen aus verfassungsrechtlicher und kriminologischer Sicht. In: Behindertenpädagogik Heft 4, S. 373 – 384.

Dies. (2004): Anti-Aggressivitäts-Training – Anmerkungen aus verfassungsrechtlicher und kriminologischer Sicht. In: Unsere Jugend 3, S. 126 – 133.

Sack, F. (2010): Symbolische Kriminalpolitik und wachsende Punitivität. In: Dollinger, B./Schmidt-Semisch, H. (Hrsg.): a. a. O.: S. 63 – 89.

Safranski, R. (2009): Goethe & Schiller. Geschichte einer Freundschaft. München.

Schäfer, S. A. (2011): Konfrontative Pädagogik und Anti-Aggressivitäts-Training: Licht in das Dunkel einer (schwarzen?) Pädagogik. In: Reinnickel, S. (Hrsg.): Erziehung krimineller Jugendlicher in kriminalpolitischen Institutionen. Wiesbaden, S. 95 – 112.

Schanzenbächer, S. (Hrsg.) (2004): Gewalt ohne Ende. Freiburg im Breisgau.

Ders. (2003): Anti-Aggressivitäts-Training auf dem Prüfstand. Herbolzheim.

Schawohl, H. (2013): Kommunikation als motivationaler Faktor in der Arbeit mit gewaltbereiten Jugendlichen. „Das ist der einzige Grund, warum Sie so mit uns reden dürfen". Mönchengladbach.

Schawohl, H. (2012): Außerschulisches Anti-Aggressivitäts-Training für gewaltbereite sowie gewaltauffällige Jugendliche und junge Heranwachsende. In: Fingerle, M./Grumm, M. (Hrsg.): Prävention von Verhaltensauffälligkeiten bei Kindern und Jugendlichen. München, Basel, S. 70 – 82.

Ders. (2012): Kommunikation: Das Herzstück der Konfrontativen Pädagogik. In: standpunkt: sozial 1 + 2, S. 163 – 167.

Ders. (2011): Aspekte der Klienten-Motivierung beim Anti-Aggressivitäts-Training/Coolness-Training. In: Standpunkt: sozial 3 + 4, S. 165 – 172.

Ders. (2011): Die Motivation der Klienten. In: Weidner, J./Kilb, R. (Hrsg.): a. a. O., S. 182 – 190.

Ders. (2009): Vom Behandlungszwang zur Freiwilligkeit. Göttingen.

Ders. (2005): Das Anti-Aggressivitäts-Training (AAT) in der Justizvollzugsanstalt Hahnöfersand. Die curricularen Eckpfeiler des AAT in der praktischen Anwendung. In: Zeitschrift für Strafvollzug und Straffälligenhilfe 6, S. 327 – 332.

Ders. (2003): Konfrontation provoziert prosoziales Verhalten. In: ZJJ 3/2003, S. 271 – 277.

Ders. (2001): Von Glen Mills lernen. Vom Interventionsrecht zur Interventionserlaubnis im deutschen Anti-Aggressivitäts-Training?. In: Colla, H. E./Scholz, C./Weidner, J. (Hrsg.): „Konfrontative Pädagogik": Das Glen Mills Experiment. Mönchengladbach.

Ders. (2001): Diskussionsbeitrag. In: Martha Stiftung (Hrsg.): Gewalt in Institutionen. Dokumentation der

Fachtagung am 22. November 2001 im Sozialtherapeutischen Zentrum für Suchtkranke.

Scheithauer, H./Rosenbach, C./Niebank, K./Kahl, W. (2012): Gelingensbedingungen für die Prävention von interpersonaler Gewalt im Kindes- und Jugendalter. Hrsg.: Stiftung Deutsches Forum für Kriminalprävention. Bonn.

Scherr, A. (2002): „Mit Härte gegen Gewalt?: Kritische Anmerkungen zum Anti-Aggressivitäts-Training und Coolness-Training. In: Kriminologisches Journal/Heft 4, S. 304 – 311.

Schleichert, H. (1997): Wie man mit Fundamentalisten diskutiert, ohne den Verstand zu verlieren. München.

Schnabel, U. (2006): Die heilende Kraft der Beziehung. In: Die Zeit Nr. 27, S. 33.

Schneider, S. (2010): Vorwort. In: Leutner, C.: a. a. O., S. 7/8.

Schneider, K./Schmalt, H.-D. (2000): Motivation. Stuttgart.

Schriever, S. (1998): Worte statt Fäuste. In: Hamburger Rundschau Nr. 29 vom 16. Juli 1998, S. 3 & 4.

Schulz von Thun, F. (1997): Miteinander reden 1: Störungen und Klärungen. Reinbek bei Hamburg.

Schwabe, M. (2012): Professionelle Beziehungen in Zwangskontexten. In: ZJJ 1, S. 71 – 80.

Schwoon, D. R. (1990): Motivationsbehandlung bei Alkoholkranken. In: Schwoon, D. R./Krausz, M. (Hrsg.): Suchtkranke: Das ungeliebte Kind der Psychiatrie. Stuttgart, S. 166 – 181.

Simon, T. (2006): Wo Zuwendung nicht hilft, hilft Konfrontation? In: Sozialextra Juli/August, S. 38 – 41.

Sitzer, P. (2009): Jugendliche Gewalttäter. Weinheim und München.

Stechow, v., E. (2010): Rückkehr zur schwarzen Pädagogik? Von Super Nannys und anderen Erziehungsnotständen. In: Dörr, M./Herz, B. (Hrsg.): a. a. O., S. 136 – 149.

Steiner, O. (2011): Über den Sinn von Gewalt. Wiesbaden.

Streek, U. (2012): Braucht soziale Arbeit mit dissozialen Jugendlichen psychotherapeutisches Wissen? In: ZJJ/1, S. 57 – 60.

Streit, P. (2010): Jugendkult Gewalt. Wien.

Taefi, A./Görgen, T./Kraus, B. (2013): Jugendkriminalität und ihre Prävention. In: forum kriminalprävention 3, S. 53 – 60.

Tausch, R./Tausch, A.-M. (1973): Erziehungspsychologie. Psychologische Prozesse in Erziehung und Unterricht. Göttingen.

Thiersch, H. (2007): Nähe und Distanz in der Sozialen Arbeit. In: Dörr, M./Müller, B. (Hrsg.): Nähe und Distanz. Ein Spannungsfeld pädagogischer Professionalität. Weinheim und München, S. 29 – 45.

Ders. (1986): Sozialarbeit zwischen Expertentum und Selbsthilfe. In: Kleiber, D./Rommelspacher, B. (Hrsg.): Die Zukunft des Helfens. Weinheim und München, S. 241 – 263.

Toprak, A./Alshut, M./Keskin, N. (2012): Konfrontative Pädagogik. Freiburg.

Trapper, T. (2007): „Konfrontative Pädagogik" als „pädagogische ultima ratio"? oder eine Chance zur gelingenden Integration? In: Hörmann, G./Trapper, T. (Hrsg.): a. a. O.: S. 99 – 110.

Ulrich, B. (2010): AK 13: Das Potential der Ambulanten Maßnahmen. 28. Deutscher Jugendgerichtstag „Achtung (für) Jugend! Praxis und Perspektiven der Jugendkriminalrechtspflege". Münster, 11. – 14. September.

Walkenhorst, P. (2004): Anmerkungen zu einer „konfrontativen Pädagogik". In: Weidner, J./Kilb, R. (Hrsg.): a. a. O., S. 51 – 90.

Walter, J. (1999): Anti-Gewalt-Training im Jugendstrafvollzug – Tummelplatz für „crime-fighter"?. In: ZfStrVo 1, S. 23 – 28.

Weber, W. (2005): Wege zum helfenden Gespräch. Gesprächspsychotherapie in der Praxis. München.

Weidner, J. (2011): Das Anti-Aggressivitäts-Training (AAT®) zur Behandlung gewalttätiger Intensivtäter. In: Boeger, A. (Hrsg.): a. a. O., S. 85 – 109.

Ders. (2011): Das Anti-Aggressivitäts-Training (AAT®) in der Konfrontativen Pädagogik. In: Weidner, J.(Kilb, R. (Hrsg.): a. a. O., S. 13 – 29.

Ders. (2004): Konfrontation mit Herz: Eckpfeiler eines neuen Trends in Sozialer Arbeit und Erziehungswissenschaft. In: Weidner, J./Kilb, R. (Hrsg.): a. a. O., S. 11 – 23.

Ders. (1997): Anti-Aggressivitäts-Training für Gewalttäter. Bonn/Mönchengladbach.

Weidner, J./Kilb, R. (Hrsg.) (2011): Handbuch Konfrontative Pädagogik. Weinheim und München.

Dies. (2011): Vorwort. In: a. a. O., S. 5 – 7.

Dies. (2007): Einladung Kongress 20 Jahre AAT am 09.05.2008 in Mannheim.

Dies. (Hrsg.) (2004): Konfrontative Pädagogik. Konfliktbearbeitung in Sozialer Arbeit und Erziehung. Wiesbaden.

Weidner, J./Kilb, R./Jehn, O. (Hrsg.) (2010): Gewalt im Griff, Band 3. Weiterentwicklung des Anti-Aggressivitäts- und Coolness-Trainings. Weinheim, Basel, Berlin.

Weidner, J./Kilb, R./Kreft, D. (Hrsg.) (1997): Gewalt im Griff. Neue Formen des Anti-Aggressivitäts-Trainings. Weinheim und Basel.

Widulle, W. (2011): Gesprächsführung in der Sozialen Arbeit. Wiesbaden.

Winkel, R. (2007): Kommunikative Didaktik und konfrontative Pädagogik. In: Hörmann, G./Trapper, T. (Hrsg.): a. a. O.: S. 75 – 98.

Winkler, M. (2004): Erziehung. In: Krüger, H./Helsper, W. (Hrsg.): Einführung in Grundbegriffe und Grundfragen der Erziehungswissenschaft, S. 57 – 78. Wiesbaden.

Winkler, M. (2003): Verliebt in das eigene Programm. In: Sozialextra April, S. 44 – 46.

Zwiebel, R. (2013): Was macht einen guten Psychoanalytiker aus? Stuttgart.